PARA LOGRAR UNA VIDA FELIZ, CALMADA Y AUTORREFLEXIVA

SOLO CONTAMOS CON UNA VIDA

CÓMO VIVIRLA SIN SUFRIMIENTO

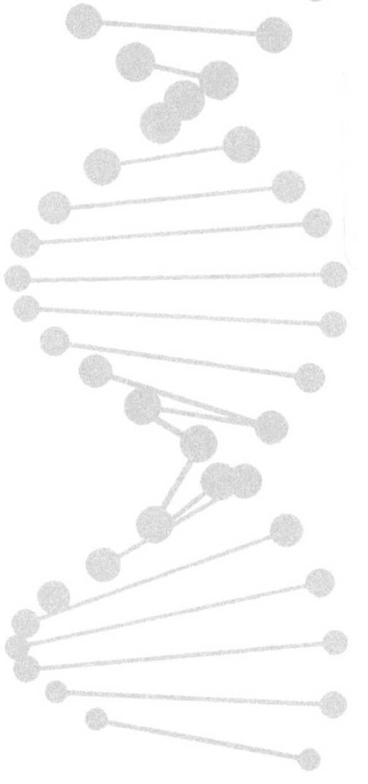

Jaime Carlo-Casellas, Ph.D.

PARA LOGRAR UNA VIDA FELIZ, CALMADA Y AUTORREFLEXIVA

SOLO CONTAMOS CON UNA VIDA

CÓMO VIVIRLA SIN SUFRIMIENTO

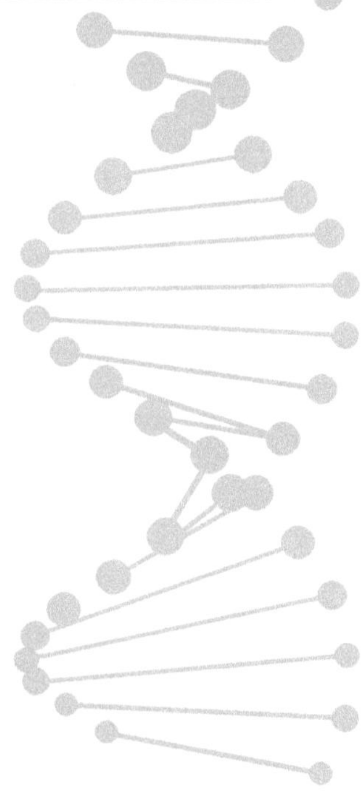

Jaime Carlo-Casellas, Ph.D.

Editado por Argüeso & Garzón Editores
Bogotá, Colombia - San Juan, Puerto Rico

Impreso por Legis, S.A.
Bogotá, Colombia

Diseño Gráfico: Fernando Rodríguez Rodríguez
Graferstudio7@gmail.com de Bogotá, Colombia

Diseño de Portada: Evelyn Artaud-Carlo

Fotografía / Imagen por: Sergey Nivens

ISBN: 978-958-59262-3-3

"Sólo observa este momento, sin intentar cambiar nada en absoluto. ¿Qué está ocurriendo? ¿Qué sientes? ¿Qué ves? ¿Qué oyes?"

— Jon Kabat-Zinn[1]

*A los que me han ayudado a navegar sobre mares
turbulentos sin temor a ahogarme.*

*"La resistencia provoca persistencia.
"La concienciación induce a la sanación."*

AGRADECIMIENTOS

Siempre estaré endeudado con Jon Kabat-Zinn, Ph.D., y Saki Santorelli, Ed.D., quienes a mediados del decenio de 1980 me guiaron por ocho intensas semanas a través del Programa de Reducción del Estrés Basado en la Concienciación ("Mindfulness-Based Stress Reduction" o MBSR, por sus siglas en inglés) de la Escuela de Medicina de la Universidad de Massachusetts. Fueron Jon y Saki quienes me ayudaron a reconocer el propósito de mi jornada en este planeta.

Mi agradecimiento a Zindel Segal, Ph.D., por mi capacitación en Terapia Cognitiva Basada en la Concienciación ("Mindfulness-Based Cognitive Therapy" o MBCT, por sus siglas en inglés) para disminuir el riesgo de las recaídas a la depresión y a Alan Marlatt, Ph.D., por mi capacitación en la Prevención de Recaídas Basada en la Concienciación ("Mindfulness-Based Relapse Prevention" o MBRP por sus siglas en inglés).

Deseo dar las gracias a Robert Hollenbeck por su devoción, afecto e intuición.

Agradezco los esfuerzos de María del Socorro Guzmán Muñoz, Ph.D., del Departamento de Humanidades y Ciencias Sociales de la Universidad de Guadalajara, México, quien editó la versión en español de mi primer libro, *Chaos & Bliss*, y quien escribió la introducción y editó mi segundo libro, *Angustia y Deleite*.

Debido al impacto de Socorro sobre sus estudiantes y la manera que comprende las necesidades del ser humano, nuestro mundo es un mejor lugar para vivir. Cuando reflexiono sobre mis interacciones con Socorro, recuerdo las palabras de Lawrence G. Lovasik: "Ser bondadosos con otros nos da el poder de hacer del mundo un lugar más feliz donde vivir, o al menos de reducir enormemente el sufrimiento que existe en nuestro planeta para convertirlo en un mundo completamente diferente".

A mi amigo y preceptor, el Padre Benedict Reid, le extiendo mi reverencia por inculcarme la noción de que la doctrina perfecta es la que uno mismo diseña, más claramente la que nos impulsa a explorar y llenar la bóveda interna de la soledad.

El interés en escribir este libro fue impulsado por las pláticas que compartí con mi respetado amigo y colega, Philip Drucker, Decano y Profesor de Derecho Constitucional en la Facultad de Derecho de la California Desert Trial Academy College of Law, quien tuvo la amabilidad de escribir la introducción de este libro. El Profesor Drucker cree firmemente en el concepto de que todos merecemos y debemos respetar el derecho a ejercer plenamente nuestra autonomía, y que, como autónomos, todos tenemos la libertad de auto legislar, juzgar y actuar basándonos en nuestros propios valores, preferencias y dogmas.

Finalmente, estoy muy endeudado con Daniel Moore y el personal de Untethered Media por su amabilidad y ayuda en la redacción de los blogs de la página web del Stress Management & Prevention Center, LLC, la cual resultó en la escritura de *Mindfulness for the Common Man*.

INTRODUCCIÓN

Por Philip Drucker, Decano y Profesor de Derecho
Constitucional del California Desert Trial Academy
College of Law

Tengo que admitir que me he ganado la merecida reputación de ser bastante terco. Cuando se trata de cambiar algo, no es que me resista a hacerlo por completo, pero digamos que van a tener que darme muy buenos motivos para hacerme cambiar de opinión, de forma de ser y de estilo de vida.

Cuando el Dr. Carlo-Casellas comenzó a hablar de concienciación, era un concepto que yo sólo había visto en las portadas de revistas en las salas de espera de consultorios médicos. En realidad, no tenía ninguna intención de cambiar mi estilo de vida alterando mi modo de respirar. Lo que sí pensé fue, *¿Este tipo está bromeando?* Pero, poco después, me diagnosticaron cáncer y ahí sí que cambió todo por completo.

Para los que no son miembros del exclusivo "club de quimio", la gran "C" no suele significar mucho. Pero si eres tú el diagnosticado aterrado, sabes que vas a sentir cosas nuevas y raras, y que aún tus sensaciones normales te van a montar en una vertiginosa montaña rusa de pesadillas que te harán olvidar hasta tu propio nombre.

Comienzas a sudar, a sentir remordimientos, se te olvidan las cosas más sencillas y ya te ves cabalgando sin remedio hacia el ocaso triste de tu vida. Y entonces las cosas empeoran.

A medida que tu cuerpo se va atrofiando lentamente y se hunde en las sábanas empapadas del sudor que se pasa hasta el colchón, miras al techo de tu cuarto esperando ver algo familiar que te consuele, una o dos caras conocidas, y tratas de tocarlas y abrazarte a cualquier tabla de salvación que se aparezca.

Mi primer ataque de pánico me dejó totalmente descontrolado y desesperado por encontrar algún remedio. Como ya he dicho, soy muy terco, pero afortunadamente, allí estaba el Dr. Carlo-Casellas para tenderme la mano de su ayuda.

Para comenzar, me envió videos y grabaciones para practicar concienciación. Luego me invitó a su centro para una sesión grupal sobre concienciación y yoga.

Como todavía me estaba recuperando de la cirugía de reconexión del colon, no pude practicar el yoga. Pero podía acostarme en la colchoneta y relajarme. Podía cerrar los ojos y, como resultado, podía enfocarme en lo que me rodeaba, o como decimos en términos de concienciación, en estar en "el aquí mismo y el ahora mismo".

Al tomar ese cuadro en consideración, me di cuenta de que la mente es como un mono y que el hábito de depender casi constantemente del pasado me había perjudicado gravemente. Mis temores sobre el futuro estaban destruyendo toda posibilidad de moverme hacia delante y disfrutar un feliz *ahora*.

Después de practicar un poco las intervenciones de concienciación, comencé a enfocarme en el aquí y el ahora porque en realidad es todo lo que tenemos. Aprendí a cambiar lo que podía cambiar en este momento y aceptar lo que no podía cambiar. El tiempo no es estrictamente una ilusión, sino una serie de momentos amontonados unos sobre otros, como las

Pringles, ¿recuerdas las papitas fritas que vienen empacadas en una lata? Las que están debajo de las que estás comiendo son las que vinieron antes de las que están en la parte superior. Una vez que la lata queda vacía, ¡bravo! todo queda relegado a un pasado que deja de existir hasta que compres la próxima lata de Pringles.

Después de muchos días y semanas que se convirtieron en meses de practicar la quietud interior, comencé a escuchar lo que había estado ahí todo el tiempo dentro de mi bóveda interna de fascinación. Un simple latido del corazón. Mi corazón nunca dejó de latir. Y me di cuenta de la realidad. Mientras estés respirando, hay más cosas correctas en ti que incorrectas — o sea, eres más perfecto que imperfecto. La vida continúa y podemos empezar a sanar.

Esto es lo que ahora llamo *esperanza*.

Conscientemente, o sea "mindfully", noté que estaba exactamente donde debía estar — que el cáncer, las náuseas, los dolores de cabeza, el zumbido en los oídos, la neuropatía, las filtraciones en mi plomería, el dolor en mis extremidades eran una realidad. Justo aquí, ahora, en este momento. Yo era un ente perfecto, tan perfecto como el mundo a mi alrededor. ¿Cuánto pagarías por este don, por este privilegio de estar vivo?

¿Cuánto pagarías por no tener que pensar, sino saber a ciencia cierta, que a través de la introspección y análisis intencional de las diez mil cosas que nos rodean, todos somos capaces de vivir la vida a plenitud? Ese es el camino de la concienciación. Concienciación fue lo que mi buen amigo y mentor, Dr. Jaime Carlo-Casellas, me enseñó. Él también puede enseñarte, comenzando aquí y ahora mismo.

Cada vez que tengo el placer de reunirme con Jaime, ya sea en persona o a través de sus diversas obras de ciencia, prosa o poesía, siempre me es grato reconocer que como seres humanos siempre tendremos más cosas en común que diferencias. Todos respiramos el mismo aire, tomamos la misma agua y todos compartimos la energía de un mismo latido del corazón universal de este planeta en que vivimos. A través de la introspección y análisis intencional de las diez mil cosas que nos rodean, todos somos capaces de vivir la vida al máximo.

Una vez más, eso es la concienciación — lo que aprendí de mi buen amigo y mentor. Por esto, siempre estaré endeudado con él y espero reciprocar su bondad con igual compasión, sabiduría, elegancia y humildad.

Para concluir, reafirmo que siempre estaré endeudado con él por su paciencia al lidiar con esta vieja mula terca que soy yo, y espero poder demostrarlo tratándolo a él, a todo el mundo y a mis recién descubiertos hermanos y hermanas, pues todos descendemos del mismo vientre materno, con la misma paciencia con la que él me trató a mí.

Gracias, Jaime, y que Dios te bendiga.
Philip Drucker
Decano y Profesor de Derecho Constitucional del California Desert Trial Academy College of Law

1

LA CONCIENCIACIÓN LLEGA AL MUNDO OCCIDENTAL

A medida que envejecemos, enfrentamos la realidad de que nacemos una sola vez, gozamos de una sola vida, y que finalmente nuestros cuerpos físicos desaparecen.

¿Será posible reconciliar significado con nuestra razón para existir — nuestra *raison d'etre*? En el mundo físico, el verdadero conocimiento puede emanar de lo que podemos ver, oír y palpar. Sin embargo, ¿habrá otras verdades o realidades que sólo podamos descubrir a través del pensamiento puro, la intuición o la imaginación? ¿Por qué existimos y por qué nacimos?

Nacimos con compasión innata, con un sentido de quiénes somos, con un sentido de conexión con otros seres humanos y de la diferencia entre el amor y el temor. Nadie sabe de dónde surge esto. Simplemente somos así — es nuestra realidad. Desgraciadamente, pero progresivamente, los padres, abuelos, hermanos, eclesiásticos, pedagogos, el gobierno y la sociedad catalizan un proceso que poco a poco nos va transformando en monstruos de odio, violencia y rencor, no sólo hacia los demás, sino también hacia nosotros mismos.

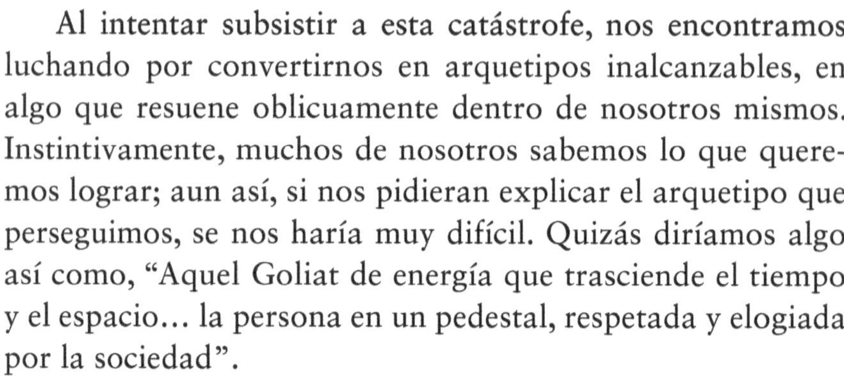

Al intentar subsistir a esta catástrofe, nos encontramos luchando por convertirnos en arquetipos inalcanzables, en algo que resuene oblicuamente dentro de nosotros mismos. Instintivamente, muchos de nosotros sabemos lo que queremos lograr; aun así, si nos pidieran explicar el arquetipo que perseguimos, se nos haría muy difícil. Quizás diríamos algo así como, "Aquel Goliat de energía que trasciende el tiempo y el espacio… la persona en un pedestal, respetada y elogiada por la sociedad".

Fue precisamente en ese punto donde me encontraba el 28 de enero de 1986, un sombrío, frío y melancólico día de invierno en el estado de Massachusetts. Estaba en la biblioteca de la Escuela de Medicina de la Universidad de Massachusetts, buscando referencias en la computadora para un manuscrito en el que trabajaba nuestra unidad de investigación para un proyecto financiado por la National Aeronautics and Space Administration (NASA). Estábamos estudiando los efectos de la microgravedad en los glóbulos rojos para determinar la viabilidad de almacenar sangre humana para transfusiones a bordo de una nave espacial por si surgiera la necesidad.

A la misma vez, estaba completando mi capacitación en "Mindfulness-Based Stress Reduction"[1] con Jon Kabat-Zinn,[2] anhelando una conexión más profunda y satisfactoria con mi Bóveda Interna de Soledad y luchando por convertirme en ese arquetipo que anhelaba encarnar.

Inesperadamente, la búsqueda de información en la computadora fue interrumpida por la noticia de que el transbordador espacial *Challenger* había explotado sin motivo alguno, reduciendo a cenizas a los siete tripulantes, entre ellos a la maestra Christa McAuliffe.

Sin previo aviso, un puñado de neuronas dormidas en la Bóveda Interna de mi Soledad despertaron de aquel estado de narcolepsia en el que llevaba bastante tiempo, manifestando la noción de que existimos hasta que en un simple parpadeo nuestra razón de existir se define en un instante.

No cabe duda alguna de que somos expresiones transitorias de la Naturaleza. Nacimos, vivimos y eventualmente, nos guste o no, nuestra presencia física trasciende a riberas desconocidas. ¡Cuánto envidio a los que confían en la vida eterna! ¡O aquellos que confían en la reencarnación! Pues entonces, ¿por qué nacemos? Aún más importante, ¿por qué nacemos en Borneo, Puerto Rico, España, Estados Unidos, México, hombre, mujer, heterosexual, homosexual, bisexual, transexual, con piel oscura, con piel blanca, con ojos azules, ¿sin brazos...?

Nuestra experiencia como seres humanos carece de significado o no amerita un análisis hasta que reconozcamos conscientemente lo que significa ser feliz... hasta que cuestionemos el por qué habitualmente nos autoinfligimos sufrimiento y dónde estará escondido nuestro vivero interior de antipatía y odio.

Quizás nacemos para ser felices, hacer felices a otros, aliviar al que sufre y ser amado por los demás.

Ésta es nuestra razón de existir y no algo que hacemos cuando nos sobra el tiempo libre o cuando nos conviene. Es una responsabilidad que debemos asumir... estar al servicio del que nos necesita.

Otra destreza importante que debemos considerar es el *agradecimiento*. Como recalca Mirka Knaster, "*el agradecimiento* es esencial para vivir esta vida plenamente, para vivir una vida virtuosa: agradecimiento por la presencia del prójimo, por tener los medios no sólo para sobrevivir sino para prosperar y compartir nuestros recursos con el resto del mundo. Sin embargo, sorprendentemente, el agradecimiento no figura entre las cualidades o factores que conducen al despertar interior. Pero eso no significa que no sea parte del dharma, o que no sea la conducta correcta. El agradecimiento profundo es la saludable motivación subyacente a la manifestación de las mejores cualidades del ser humano"[4]

Como dice el refrán, me di cuenta de que no iba "a poder galopar por la vida sin sentir el caballo que montaba". En realidad, no había entendido lo que Kabat-Zinn estaba diciendo en clase hasta ese momento. Por eso, estoy eternamente endeudado con Jon y Saki Santorelli, su colega y asistente:

"El momento preciso de ser feliz es éste. El lugar preciso de ser feliz es aquí, donde quiera que estés, y mientras estés respirando, hay más cosas correctas contigo que incorrectas, no importa cuán enfermo o desesperado te sientas".[5]

Todos tenemos metas y aspiraciones. Ya sea ganar más dinero, encontrar una relación significativa, comenzar una familia, viajar más o cualquier otra cosa que anhelemos, lo que todos tenemos en común es nuestro deseo de ser felices.

No obstante, un aspecto desafortunado de ser humano es que la mayoría de nosotros, en algún momento u otro, sufrimos de algún tipo de estrés, trauma o trastorno mental. Según la *National Alliance on Mental Health*, los trastornos mentales anualmente afectan a millones de estadounidenses[6].

Lo importante es recordar que aun al presenciar la insolencia y denigración del ser humano desplegarse ante nuestros atónitos ojos, como seres sensibles tenemos que afirmar nuestra razón de ser.

La medicina occidental moderna intenta mejorar los estados de salud mental con psicoterapia y farmacoterapia. Sin embargo, hoy en día se reconoce que la incorporación de la concienciación al tratamiento de trastornos de estrés añade un elemento muy importante para superar estos obstáculos a la felicidad, permitiendo que los que sufren de estrés puedan lograr una vida más balanceada, la vida que se merecen.[7] Esto fue lo que me llevó a establecer el Stress Management & Prevention Center, LLC, en Rancho Mirage, CA.

La Meditación como Herramienta de la Medicina Occidental

Quizás no has oído hablar de "Mindfulness Meditation" (la Meditación por Concienciación, o sea, meditación prestando plena atención), pero indudablemente has oído de *mindfulness*.

Recientemente, "la concienciación" ha sido una palabra de moda en los foros relacionados con la salud y el bienestar, pero diferente a muchas palabras de moda, ésta conlleva mucha sustancia. Independientemente de si se trata del estrés normal o del estrés relacionado con una vida demasiado atareada o algo más serio como un estado de ansiedad o depresión, toda persona puede obtener beneficios de la concienciación.

Personas a través del mundo entero han estado practicando este tipo de meditación por miles de años. Aunque los budistas estadounidenses han estado meditando desde hace tiempo, se asume que la meditación, específicamente la meditación transcendental, fue introducida en los ámbitos de la medicina Occidental por Herbert Benson, M.D., fundador del Benson-Henry Institute for Mind Body Medicine en Massachusetts General Hospital. En su libro, *The Relaxation Response*,[8] Benson desglosó las técnicas para lidiar con los efectos nocivos del estrés permitiendo que la mente se estabilizara naturalmente y llegara a transcender la cadena de pensamientos perniciosos. La meditación transcendental convencional recurre al uso de mantras (una palabra o sonido) o yantras (símbolos) para elevar la mente a la suprema realidad de lo que es la vida.

Sin embargo, la persona acreditada con la introducción de "mindfulness" al ámbito de la medicina Occidental es Jon Kabat-Zinn, Ph.D., quien en 1979 estableció el Center for Mindfulness in Medicine, Health Care and Society en la Escuela de Medicina de la Universidad de Massachusetts. Fue en dicho Centro que él estableció su programa, Mindfulness-Based Stress Reduction Program (MBSR), o lo que sus colegas llamaron el programa de Reducción de Estrés Basada en la Plena Atención.

El programa abarca un curso de ocho semanas de estudio, dirigido a cualquier persona interesada en reducir sus niveles de estrés crónico e inevitable.

El Problema

Un gran problema de la concienciación es que frecuentemente los sobrevivientes de trauma, y hasta los mismos médicos y proveedores de servicios médicos identifican o relacionan la práctica de concienciación con tradiciones religiosas o espirituales.

Este concepto continúa a pesar de que el Diccionario Oxford de la lengua Inglesa[9] define *concienciación* como:

> *"Un estado mental o actitud bajo la cual la persona se concentra en el momento presente mientras está consciente y prestando atención a dicho conocimiento. También: El cultivo y la práctica de la misma, especialmente como técnica terapéutica."*

Según la *American Psychological Association*[10], la concienciación es:

> *"... el estar consciente de momento a momento de la propia experiencia sin juzgarla. En este sentido, la*

concienciación es un estado de ser y no un rasgo. Aunque se promueva como similar a ciertas prácticas o actividades, tales como meditación, no es equivalente o sinónimo con ellas.

Otra definición es la de Kabat-Zinn:

"Concienciación significa "el prestar atención deliberadamente, en el momento presente y sin juzgar, a cómo se despliega la experiencia de momento a momento"[11]

Tomando esas definiciones en consideración, cuando la practicamos, nos regimos por los denominados "ocho criterios de la concienciación":

1. **No juzgar:** No enredarnos con nuestras propias ideas y opiniones, lo que nos gusta y lo que no nos gusta.
2. **Paciencia:** Entender y aceptar que a veces ciertos eventos evolucionan a su propio ritmo.
3. **Mente de principiante:** Ver las cosas a través de un nuevo punto de vista, con una mente clara y despejada.
4. **Confianza:** Creer en nuestra propia intuición y autoridad.
5. **Sin esfuerzo:** Esforzarse menos y existir más.
6. **Aceptación:** Aceptar las cosas como son.
7. **Desistir:** Permitir que nuestra experiencia sea la que es.
8. **Compasión:** Hacia uno mismo y hacia otros seres vivientes.

Inicialmente, el programa fue iniciado por Jon Kabat-Zinn para ayudar a pacientes a manejar dolores intensos crónicos difíciles de controlar en el ámbito hospitalario.[12] MBSR dispone de una combinación de intervenciones de concienciación para ayudar a la persona a estar más consciente de lo que está sucediendo en el momento presente.

Aunque los cimientos de concienciación se remontan a la antigua tradición budista de fomentar la plena atención y la intuición para mitigar el sufrimiento, el programa de Kabat-Zinn en sí es secular.

De acuerdo con John Parrot, un setenta y nueve por ciento (79%) de nosotros batallamos con el estrés del sufrimiento. Por lo tanto, es innegable que el aprender a manejarlo con intervenciones de concienciación es una destreza sumamente importante para el mundo contemporáneo.[2]

El Alba[3]
Estalla el alba.
El cuerpo desea
despertar y que
la mente sufra,
una buena
sacudida.

¿A quién busco
para que mi cuerpo despierte
y mi mente se sacuda?

2

MEDITACIÓN MEDIANTE LA CONCIENCIACIÓN

La meditación mediante la concienciación, o meditación Vipassana, difiere de su contraparte, conocida como meditación Samatha.

En la meditación *Samatha*, el meditador se concentra en la respiración u otro punto esencial para evitar distracciones y lograr éxtasis a través de la tranquilidad. Por el contrario, la meditación *Vipassana* le urge al meditador a concentrarse en los pensamientos, emociones y sensaciones corporales a fin de desvincularse de dichas entidades.

Cuando se percibe que la respiración, los pensamientos, las emociones y los estados físicos están cambiando constantemente, el meditador aprende a aceptar su naturaleza pasajera. El meditador toma conciencia de que "esto también pasará". Al entender este concepto, el meditador aprende a observar que estas cosas no definen quien es, y que su verdadero ser es el ente sereno y tranquilo que está siempre presente en el centro de su bóveda interna de soledad.

Las siguientes son algunas de las maneras en que este ejercicio puede ayudarte a vivir una vida más balanceada:

Puede disminuir los niveles de estrés

La concienciación activa el reflejo de relajación. Como resultado, el reflejo de combatir o huir cambia al de relajarse, descansar y digerir y reduce los efectos de las hormonas de estrés tal como el cortisol. Una serie de estudios ha demostrado que esto ocurre aun cuando uno no está meditando, ya que cambia la manera en que la amígdala del cerebro responde a provocaciones emocionales.

Por lo tanto, este tipo de meditación no sólo te calma, sino que también fortalece tu habilidad de estar consciente de los efectos que las provocaciones emocionales y externas tienen sobre tu estado mental y físico. Es muy motivante saber que uno puede cambiar su forma de reaccionar a las vicisitudes de la vida.

Estar presente en el "aquí y ahora" puede ayudarte a calmar tus nervios y evitar frustrarte en un mundo excesivamente estimulante que te impone múltiples tareas al mismo tiempo. También aleja tu mente del dolor, la ira, la tristeza, los traumas y las preocupaciones. Desapegarse de estos estados mentales y emocionales suele mejorar drásticamente tu manejo de los niveles de estrés y ansiedad en la vida cotidiana.

Son técnicas para toda la vida que, una vez aprendidas y asimiladas, pueden ser activadas en cualquier momento para reducir los niveles de estrés.

Puede mejorar el sueño

¡Uno de los grandes efectos secundarios de la concienciación es que uno suele dormir mejor! Y cuando uno duerme mejor, la habilidad de lidiar con el estrés también mejora. Es una situación en que todos ganan.

Cuando aprendas a reconocer el vaivén de pensamientos y sensaciones corporales y permitir que se desvanezcan, la "mente de mono" que nos mantiene despiertos se calmará y podrás conciliar el sueño. Según los preceptos budistas, la "mente de mono" se refiere a una mente inestable, inquieta o confundida. La meditación de concienciación disminuye el volumen de nuestro diálogo interno, resultando en una mente clara y tranquila. En este estado de tranquilidad es mucho más fácil conciliar el sueño.

Puede mitigar o erradicar trastornos físicos

El poder ser un observador imparcial de nuestras propias sensaciones corporales, pensamientos y emociones nos permite disminuir la frecuencia de la negatividad y elevar la frecuencia de la positividad. Esto puede ser muy útil para combatir muchos trastornos comunes que suelen ser efectos secundarios del estrés.

Se ha confirmado que la concienciación reduce, o hasta elimina, el dolor crónico, las migrañas, las inflamaciones, la hipertensión y los trastornos gastrointestinales. Su práctica recurrente reforzará el sistema inmunológico. Esto significa que la persona se enfermará con menos frecuencia y se recuperará de las enfermedades y lesiones más rápidamente.

Suele protegerte contra las enfermedades mentales

La concienciación se está convirtiendo muy popular en el tratamiento de enfermedades mentales y trastornos de comportamiento, tales como depresión, ansiedad, adicción, el Trastorno de Estrés Postraumático (TEPT), el Trastorno Obsesivo Compulsivo (TOC) y muchos otros. Al controlar los pensamientos derrotistas, los antojos y deseos de forma, o sea sin juzgarlos, la persona puede aprender a controlar su manera de responder y actuar impensadamente. La meditación nos ofrece el potencial de cambiar nuestras perspectivas y darnos la libertad de elegir comportamientos más sanos y beneficiosos.

Es algo normal que el cerebro quede a veces atrapado en una corriente de pensamientos que puede eclipsar nuestra percepción de la realidad. La concienciación puede ayudarnos a prestar atención objetiva a nuestros pensamientos en vez de quedar atrapados en ellos. También nos permite observar que la felicidad, la tristeza, el dolor y el placer son fugaces y transitorios. Al observar la respiración sin juzgar, se percibe que todo cambia constantemente. Es la reflexión perfecta de la naturaleza de la vida.

Puede generar autoconfianza

Indiscutiblemente, este es uno de los más valiosos beneficios de desarrollar la práctica de la concienciación. Sin la autoconfianza es difícil lograr el tipo de vida deseado. Para lidiar con todos los precipitados trastornos de la vida diaria necesitamos intervenciones apropiadas.

La concienciación es, esencialmente, un procedimiento de autodescubrimiento que puede resultar en una liberación total. Cuando te conectas de tal manera con las emociones, las sensaciones físicas y los pensamientos que afectan la vida cotidiana, comienzas a tener poder y a tomar el control sobre ti mismo. El saber que siempre eres tu verdadero ser y que no estás definido por tus pensamientos, ansiedades, temores o experiencias es un don que no tiene precio.

Ejercita la mente reestructurando el cerebro

Con la práctica regular de la concienciación, el funcionamiento y estructura del cerebro pueden ser modificados para comenzar a vivir de una manera muy diferente. Para eliminar el estrés, la falta de confianza, el dolor físico y los demás efectos negativos de una vida desbalanceada, la persona puede ayudarse practicando la concienciación. Aunque no es mi intención desglosar aquí el creciente número de estudios relacionados con la neurobiología de la concienciación, basta con decir que la frase "ejercita la mente y cambiarás el funcionamiento y la estructura del cerebro" es válida y confiable, pues eso es precisamente lo que ocurre cuando la persona practica la concienciación. El cerebro cambia mediante el mecanismo conocido como "neuroplasticidad", descubierto a principios de los 1970 por Michael Merzenich.[1] Mientras llevaba a cabo experimentos para comprobar que el cerebro estaba compartimentado, especializado y fijo, él comprobó exactamente lo contrario, que el cerebro era capaz de formar y reorganizar nuevas conexiones sinápticas, especialmente como respuesta a experiencias nuevas o una lesión, un mecanismo que persiste a través de toda la adultez.

Además, se reconoce que la repetición de la práctica es acumulativa. Es decir, que la práctica repetitiva de la concienciación mejora nuestra capacidad para estar consciente y para aceptar lo que sucede en el aquí y ahora. Por lo tanto, debemos recalcar que la importancia de la práctica repetitiva de la concienciación es algo que no debemos ignorar.

Cambios estructurales en el cerebro

Para comenzar, Goleman y Davidson[2] demostraron que las personas que practican concienciación con regularidad afectan significativamente ciertas áreas de sus cerebros.

• El grosor del córtex prefrontal aumenta, un mecanismo importante para la sensación corporal, la atención, la autorregulación, la capacidad de anticipar el futuro, el manejo de la reactividad, el comportamiento, el sufrimiento emocional, la inhibición de la red neuronal por defecto* *(default neuronal área)* y el control de las preocupaciones.

> * Región del cerebro que se activa cuando la persona se encuentra "soñando despierto".

- La ínsula se engruesa, un mecanismo que incrementa la empatía, activa el sistema autonómico (ritmo cardíaco y respiratorio), aumenta el flujo de sangre hacia los músculos y nos sintoniza con la autoconciencia.
- El grosor del área somatomotor aumenta, área principalmente responsable del tacto, del dolor y de la conciencia del cuerpo.
- El córtex del cíngulo anterior se torna más espeso, mecanismo que modula las inflamaciones, conecta nuestros pensamientos con las sensaciones y controla la actividad autonómica, incluyendo los ritmos cardíacos y respiratorios.
- El córtex orbitofrontal se engruesa, parte importante del circuito de autorregulación.
- La amígdala se encoge, lo cual activa el área cerebral de pelear, huir o congelarse.
- El hipocampo es activado, un nódulo esencial para la memoria, tal como el almacenaje de nuevos recuerdos y el procesamiento de recuerdos de largo plazo, así como la interacción con la amígdala durante la codificación de los recuerdos emocionales.[3]

Cambios funcionales en el cerebro

Además, Judson Brewer[4] ha demostrado que, debido a sus efectos sobre la región de "autocontrol" del cerebro, la concienciación es muy efectiva en ayudar a la persona a superar diversos tipos de adicción.

Asimismo se ha reconocido que la concienciación aumenta el flujo de sangre hacia el córtex frontal izquierdo (la parte del cerebro involucrada en el funcionamiento motor, la resolución de problemas, la espontaneidad, la recuperación de la memoria, el idioma, la iniciación, el juicio, el control de impulso, así como el comportamiento social y sexual), un aumento en la actividad de las ondas Alpha (las ondas del cerebro relacionadas con la autorreflexión que calman las emociones y ayudan a conciliar el sueño), un aumento en la actividad de las ondas Gamma (relacionadas con la empatía hacia el prójimo), la sincronización de las ondas electromagnéticas del cerebro, lo cual permite el aprendizaje acelerado, así como un aumento en la secreción de dopamina, una neurotransmisor responsable del comportamiento motivado por las recompensas por el núcleo accumbens.[5]

Para los que estén interesados en una descripción detallada de la potencialidad de la mente humana, los eminentes psicólogos científicos Daniel Goleman y Richard Davidson, han escrito el texto definitivo sobre la ciencia de la meditación, *Altered Traits*.[6]

Como un corresponsal señaló, "*Altered Traits* es su guía hacia una vida más consciente, más compasiva y satisfactoria — ¿y quién no desea esto?

Activación del nervio vago

El nervio craneal X, el nervio vago, se extiende desde el tronco del encéfalo a través del estómago y los intestinos, inervando el corazón y los pulmones y conectando la garganta con los músculos de la cara.

Modula la homeostasis metabólica controlando el ritmo cardíaco, el movimiento gastrointestinal, la secreción de serotonina gástrica, las secreciones pancreáticas, la producción de glucosa hepática, así como otras secreciones endocrinas y exocrinas.[7]

El funcionamiento correcto del nervio vago optimizará la comunicación cerebro-corporal, y a su vez nos hará sentir mucho mejor. Es el nervio que induce la amabilidad, realización intelectual y conexión con otros seres vivientes y sensibles.

La mejor intervención para estimular el nervio vago es la respiración consciente y diafragmática (también conocida como *eupnea*), la cual es practicada contrayendo el diafragma hacia abajo.

En otras palabras, respiración diafragmática. El aire entra a los pulmones, el pecho no se eleva y el abdomen se expande hacia afuera. Este estilo de respiración estimula el sistema nervioso parasimpático.[8]

La estimulación del nervio vago ocurre cuando la respiración se ralentiza de nuestras típicas 10 – 14 respiraciones por minuto a 5 – 7 respiraciones por minuto. Esto puede hacerse contando la inhalación hasta 5, aguantando la inhalación hasta 4, luego exhalando a un recuento de 8 ó 10.

La estimulación del nervio vago mediante la concienciación dramáticamente reduce la gravedad de la depresión. Además, optimiza la conectividad funcional de la red neuronal por defecto, la cual disminuye la inflamación y optimiza la capacidad del cerebro para manejar el estrés y la ansiedad.[9]

Modulación de los neuropéptidos

Durante la práctica de la concienciación, cuando estamos conscientes de que nos encontramos en un ambiente seguro, la secreción de serotonina, dopamina y los opioides endógenos nos permite gozar de la paz y tranquilidad de un "valeroso abrazo". Junto con esto se produce una reducción en los niveles de las hormonas del estrés, cortisol, efedrina y norefedrina.[10]

Rick Hanson[11] ha demostrado que durante la concienciación:

- Los niveles de serotonina aumentan. La serotonina modula el humor, el sueño, la digestión; la mayoría de los antidepresivos intentan aumentar sus efectos.

- Los niveles de dopamina aumentan. Éste es el efecto de "bienestar" relacionado con la recompensa y la atención. Promueve comportamientos de acercamiento. Cuando el cerebro no produce suficiente dopamina, la persona suele padecer de Parkinson.

- Los niveles de acetilcolina aumentan, promoviendo la vigilancia, la atención y el aprendizaje. La acetilcolina es un neurotransmisor utilizado en la unión neuromuscular, o sea, es la sustancia química que las neuronas motoras del sistema nervioso expelen a fin de activar los músculos. Esta propiedad significa que los fármacos que afectan los sistemas colinérgicos pueden tener efectos sumamente adversos, desde parálisis hasta convulsiones.

- Los niveles de los opioides endógenos aumentan. Éstos amortiguan la reacción al estrés, reducen los niveles del dolor y producen placer (por ejemplo, la llamada "sensación eufórica del corredor", entre los cuales figuran las endorfinas y analgésicos endógenos.

- Los niveles de oxitocina aumentan. Normalmente, la oxitocina es producida en el hipotálamo y secretada por la hipófisis posterior; juega un papel importante en la vinculación social, la reproducción sexual, y durante y después del parto. Al promover los deseos de cuidar a los niños y la vinculación entre las parejas, la oxitocina está relacionada con la cercanía entre las personas y la amabilidad.
Las mujeres producen más oxitocina que los hombres.

- Los niveles de vasopresina aumentan. También conocida como la hormona antidiurética, este péptido endógeno apoya la vinculación entre las parejas. No obstante, en el hombre esta hormona induce agresividad para actuar contra adversarios sexuales. Los niveles de estrógenos aumentan. El cerebro de los seres humanos contiene receptores de estrógeno, los cuales afectan la libido, el humor y la memoria.

- Dehidroepiandrosterona (DHEA, por sus siglas en inglés) – factor de crecimiento insulínico)[12]

"Cuando estos 'químicos de placer' penetran en las sinapsis, fortalecen los circuitos neuronales activos. Esto resulta en la probabilidad de que estos circuitos reaccionen conjuntamente más eficientemente en el futuro. Además, las redes neuronales activas reciben un flujo sanguíneo mayor, brindándoles más glucosa y oxígeno"[13] Es decir, hay mayor flujo sanguíneo a las áreas del cerebro involucradas en el pensamiento, de tal modo que se optimiza el procesamiento de la información, la recuperación de la memoria, y el aprendizaje.

- Ácido gama aminobutírico (GABA, por sus siglas en inglés) "Mejor conocido como la sustancia que provoca el estado de tranquilidad, GABA es el neurotransmisor más importante en el sistema central nervioso. Cualquier persona lidiando con la adicción, incluyendo la adicción al alcohol, las drogas, el tabaco, la cafeína y la comida, carece de suficiente GABA. La insuficiencia de este importantísimo químico, puede resultar en un sinnúmero de problemas, incluyendo la ansiedad, el nerviosismo, los pensamientos acelerados y el insomnio. Afortunadamente, existe una solución efectiva."[14]

Cuadro de las ondas electromagnéticas

Durante la concentración total sin distracción alguna (*samadhi* en sánscrito), un cuadro de ondas electromagnéticas está relacionado con el estado benigno del ser.

En el laboratorio de Richard Davidson, las ondas electromagnéticas fueron medidas utilizando lo que aparenta ser un gorro de ducha con extrusiones de alambres parecidos a espaguetis. Este gorro especial contiene 256 alambres delgados, cada uno conduciendo hacia un sensor acoplado a una posición precisa en el cuero cabelludo. Una conexión hermética entre el sensor y el cuero cabelludo representa toda la diferencia entre obtener datos confiables en torno a la actividad eléctrica del cerebro, y que el electrodo simplemente sirva como una antena para el ruido.[15]

Ondas Alpha

En las etapas tempranas de la meditación se observa un incremento en la actividad de las ondas Alpha. Esta etapa está relacionada con "desvelamiento relajado". También se percibe mayor sincronización de la actividad Alpha entre los dos hemisferios del cerebro. Estudios sobre el comportamiento humano han indicado que esta mayor sincronización entre los dos hemisferios está relacionada tanto con atención externa como con carencia de expectativa.[16] Esto aparenta ocurrir cuando estamos pensando poco y simplemente descansando, un estado mínimo de consciencia, un estado de genialidad sin aparente esfuerzo ni base alguna.

Ondas Gamma

Las ondas Gamma, las ondas cerebrales más rápidas, ocurren en los momentos en que las diferentes regiones del cerebro reaccionan simultáneamente, como sucede en esos momentos de cordura cuando las diferentes piezas de un rompecabezas mental hacen "clic" en y caen en su lugar preciso. Ésta es la onda que los meditadores expertos manifiestan durante los momentos de afectuosa compasión. Es la onda relacionada con la amabilidad.

Los cambios en la actividad de la onda Gamma fueron más obvios en los meditadores expertos que en un grupo de personas que justamente acababa de aprender a meditar.[17]

Ondas Delta

Las ondas Delta son las más lentas, oscilan entre uno y dos ciclos por segundo y ocurren principalmente durante el sueño.

Ondas Theta

Las próximas ondas más lentas son las Theta, las que se relacionan con la somnolencia.

De acuerdo con van der Kolk[18], "las ondas Theta resultan en un estado de mente sin restricción lógica o sin las exigencias ordinarias de la vida, y por lo tanto despliegan el potencial para inventar conexiones y asociaciones novedosas. Uno de los más prometedores tratamientos de neurorretro-alimentación encefalográfica (EEG, por sus siglas en inglés) para el trastorno del estrés postraumático (TEPT), utiliza la potencialidad de desentumecer las partes "congeladas" del cuerpo y facilitar nuevo aprendizaje. Lo negativo de esto es que las frecuencias Theta ocurren también cuando estamos "fuera de nuestros cabales" o "deprimidos".

Tomando ese cuadro en consideración, ya existe bastante evidencia de que el ejercitar la mente mediante la concienciación de manera regular e integrar la práctica a nuestra vida diaria, optimiza nuestra habilidad de ignorar el pasado, preocuparnos menos por el futuro y saborear el placer, la vivacidad y la exquisitez que se nos dispone en el momento presente. Es como decir que la concienciación entrena la mente y cambia la estructura y funcionamiento del cerebro.[19]

Las principales estructuras cerebrales que cambian en los que regularmente practican la concienciación son, entre otras, el córtex prefrontal, la ínsula, el área somatomotora, el córtex del cíngulo anteríor, la amígdala y el hipocampo.[20]

La concienciación también aumenta el flujo sanguíneo al córtex frontal izquierdo (la parte del cerebro involucrada en las funciones motoras, la resolución de problemas, la espontaneidad, la recuperación de la memoria, el idioma, el juicio, el control de los impulsos, así como el comportamiento social y sexual).

Activación del nervio vago

Otro beneficio importante de activar el nervio vago es que dramáticamente disminuye la gravedad de la depresión optimizando la conectividad funcional de la red neuronal por defecto (RND), la cual reduce la intensidad de la inflamación y refuerza la habilidad de manejar el estrés.

Modulación de los Neuropéptidos

Durante la práctica de la concienciación la mente penetra una zona de bienestar y tranquilidad, a medida que el cuerpo comienza a producir oxitocina, serotonina, dopamina, ácido gama aminobutírico, los opioide endógenos, vasopresina, estrógeno y DHEA, los cuales nos permiten gozar de la riqueza de un "abrazo sin temores".

Cuadro de las ondas electromagnéticas

La electroencefalografía (EGG) utiliza conductores eléctricos colocados sobre todo el cuero cabelludo para compilar la actividad eléctrica del córtex cerebral.

Específicamente, la EGG mide los campos eléctricos de grandes grupos de neuronas. Un patrón específico de ondas electromagnéticas representa el estado de concienciación.

Hasta cierto punto, todas las formas de meditación comparten una base común en torno a la capacitación de la mente, es decir, aprender a desistir de la abundancia de distracciones que cursan la mente. Como siempre he dicho, tomarse unas vacaciones de la faena de pensar.

3

LOS BENEFICIOS DE LA CONCIENCIACIÓN

— PARA VIVIR UNA VIDA SIN SUFRIMIENTO

La meditación *Vipassana* significa "ver claramente" o, en otras palabras, "percibir la naturaleza de la realidad".

Es una clara percepción de precisamente lo que está sucediendo cuando está sucediendo. Específicamente, se refiere a la percepción de los tres fundamentos de la existencia: 1) efimeridad o transitoriedad (*anatman* en sánscrito), 2) sufrimiento o carencia de satisfacción (*dukkha* en sánscrito) y 3) la realización de algo más allá de las cuatro etapas de la vida (*atiasrama* en sánscrito).

Samatha se reconoce como "concentración" o "tranquilidad". Es un estado donde la mente se mantiene estable concentrándose en un objeto sin permitirse vagabundear. Al meditar de esta manera, la calma invade el cuerpo y la mente, resultando en un estado de tranquilidad, el cual no puede ser explicado sin haber practicado este tipo de meditación.

En cambio, para la meditación *Vipassana*, el meditador se concentra en la respiración, emociones, sensaciones del cuerpo, pensamientos y el hecho de que todo está cambiando continuamente. Es decir, el meditador aprende a aceptar que toda realidad es transitoria.

El meditador está consciente de que "esto también pasará".

Entender estos conceptos ayuda a ver que el mundo no define a la persona, sino que su verdadero ser siempre es el sereno ente pacífico que existe en el centro de sus entrañas. Reconoces que *simplemente eres*.

Pero, aun así, es sumamente importante recalcar al lector que en cuanto a la meditación *Samatha*, la intención es suprimir la acumulación de impresiones negativas mentales, recuerdos desagradables o trastornos psicológicos. Al practicar la meditación estilo *Samatha*, nos concentramos en balancear nuestras mentes. Es decir, intentamos erradicar aquellas impresiones desagradables o trastornos psicológicos. Pero cuando profundizamos en *Vipassana*, no solamente sofocamos activamente aquellas impresiones negativas, sino que también evitamos la formación de nuevos trastornos. Por lo tanto, ambas clases de meditación son esenciales para alcanzar la meta de erradicar las impresiones y los recuerdos mentales acumulados, así como los trastornos psicológicos para corroborar la verdad fundamental o la verdadera naturaleza de todo.

Por lo tanto, ¿cómo te puede ayudar la concienciación?

Reduce los niveles del estrés infatigable y te ayudar a relajarte

La concienciación recluta el sistema parasimpático nervioso, cambiándote del estado "pelear, huir o congelarte" al estado de "descansar-relajar-digerir".

Esto resulta en la reducción de los niveles de las hormonas de estrés (cortisol, epinefrina y norepinefrina) y aumentos en los niveles de los neuropéptidos de "placer" (serotonina, oxitocina, la ß-endorfinas, dopamina, glutamato, melatonina, ácido gama aminobutírico y acetilcolina. Ciertos estudios han demostrado que esto ocurre, aunque la persona no esté meditando y ha entrenado la mente a estar consciente de lo que está sucediendo en el ahora.

La concienciación no solo calma a la persona inmediatamente, sino que también refuerza su capacidad de estar consciente del impacto emocional y de los estímulos externos sobre la mente y el bienestar físico. Es muy valioso saber que uno puede responder en lugar de reaccionar a las vicisitudes impredecibles de la vida.

Estar presente en el momento puede ayudar a calmar los nervios cuando estás realizando múltiples tareas a la vez en un mundo tan atareado como el de hoy. Además, ayuda a alejar la mente de situaciones de dolor, ira, tristeza, trauma y preocupación.

Son técnicas para toda la vida que, una vez aprendidas y asimiladas, pueden ser activadas en cualquier momento para reducir los niveles de estrés.

Ayuda a conciliar y mantener el sueño

Los clientes con problemas de insomnio que han acudido a nuestro centro nos dicen que, cuando tienen problemas para conciliar el sueño, utilizan la intervención de la respiración diafragmática parasimpática, o a la intervención de amabilidad para poder dormir.

Reduce o elimina el dolor crónico

El poder convertirse en un observador desvinculado de sus propias sensaciones físicas, nos permite amortiguar la intensidad de los dolores crónicos y vivir una vida más positiva.

De hecho, diversos estudios han demostrado que la concienciación ayuda al paciente a separar las experiencias cognitivas y emocionales de los componentes sensibles del dolor, resultando en una nueva experiencia con la potencialidad de aliviar el sufrimiento. En nuestro centro hemos reconocido que las intervenciones más eficientes para lograr la reducción del dolor crónico son el escaneo del cuerpo, la respiración diafragmática, y el entrenamiento autógeno (intervenciones que serán detalladas más adelante).

Alivia los síntomas de cáncer

Aunque la concienciación no elimina los síntomas de cáncer por completo, la intervención indisputablemente aplaca la angustia, la ansiedad y la fatiga relacionada con su tratamiento.

Linda E. Carlson, Ph.D., ha estado ofreciendo programas de recuperación basados en la concienciación a los pacientes de cáncer por aproximadamente veinte años. Confirma que en efecto alivia las preocupaciones normales, incluso, la pérdida de control, el miedo a la recurrencia del cáncer y los desfavorables síntomas físicos, tales como la fatiga, el dolor, y los problemas de insomnio.[1] La fatiga relacionada con el cáncer (CRF, por sus siglas en inglés), uno de las más comunes, persistentes e incapacitantes síntomas relacionados con el cáncer y su tratamiento, ha podido ser reducido significativamente en pacientes que han pasado por el programa de la reducción de estrés basada en la concienciación.[2]

Protege contra las enfermedades mentales

Al tratar clientes con trastornos mentales hemos comprobado que la concienciación es una intervención sumamente importante en el manejo de muchas condiciones y trastornos de comportamiento, tales como depresión, ansiedad, estrés postraumático y bipolarismo. Observando tranquilamente sus pensamientos autodestructivos, sus antojos e impulsos sin prejuicios, el cliente aprende a suprimir los síntomas de estas condiciones y a minimizar sus efectos adversos. La concienciación ofrece la potencialidad de cambiar las perspectivas y darles la oportunidad de elegir patrones de comportamiento más saludables.

Esto fue lo que un cliente dijo después de asistir a varias de nuestras clases de yoga de concienciación:

> *"Dr. Carlo-Casellas, deseo darle las gracias por lo que usted ha hecho por mí. He asistido a muchas clases de yoga en el pasado, pero hasta que vine a su centro, jamás había experimentado una clase como la suya.*
>
> *Desde que comencé a tomar sus clases de yoga de concienciación, la mejoría en los síntomas de mi depresión y ansiedad, así como mi habilidad de concentrarme en el momento presente han sido increíbles — sin mencionar la fuerza y flexibilidad que he adquirido. Hasta mi marido y mis hijos han comentado en la persona tan diferente que me he convertido.*
>
> *Y otra cosa que quiero mencionar es que ahora no tengo que depender de los antidepresivos que tenía que tomar".*

Es muy normal que el cerebro se encuentre atrapado o encarcelado en una ilógica corriente de pensamientos que puede empañar el sentido de realidad del paciente. La concienciación suele ayudar al cliente a reconocer que los pensamientos no son nada más que puñados de neuronas que disparan las angustia y pesadillas de sufrimiento que lo mantienen agitado.

También los ayuda a reconocer que la felicidad, la angustia, el dolor y el placer están siempre en estado de cambio y que son efímeros. Mediante las intervenciones de concienciación que ofrecemos el cliente comienza a percibir el hecho de que la vida se encuentra en un estado de cambio constante — una perfecta reflexión de la absurdidad de la vida.

Contribuye a la autoconfianza y autocompasión

Sin argumento alguno, éstos son dos de los más valiosos beneficios de desarrollar la práctica de concienciación. Sin la autoconfianza y la autocompasión sería muy difícil lograr el estilo de vida que se desea vivir.

La mayoría de los trastornos físicos y psicológicos impide que logremos creer en nosotros mismos y alcancemos nuestras metas sin una saludable autoconfianza y autocompasión.

La concienciación es sumamente importante para el autodescubrimiento, concepto sustancial para la autonomía del ser humano. El saber que tú eres tu propia esencia y que no estás definido por tus pensamientos, ansiedades, pavores o experiencias te permite saber que estás en control de tu vida.

Durante el yoga, cuando estás practicando la postura del guerrero (*Virabhadrasana*), nuestros facilitadores frecuentemente les dicen a los estudiantes, "Mientras sostienes esta postura, toma un momento para pensar en el poder, la confianza, la fuerza y la autoconfianza del guerrero en tus entrañas.

Para reiterar lo que uno de mis clientes dijo,

"No sé lo que has hecho con mi esposa, es la misma esposa, pero hay algo diferente, confía más en sí misma, está más asertiva y mucho más cariñosa."

Facilita la sanación

La concienciación no sólo ayuda al paciente a lidiar con una enfermedad crónica o potencialmente terminal, con un evento que amenaza la vida o con una cirugía, sino que también puede ayudar al paciente a recuperarse de dichas condiciones.

Una de las clases que ofrecemos es para pacientes que están lidiando con los retos del dolor posquirúrgico.

Los que han asistido a esta clase reportaron que sin la práctica de la concienciación, su manejo del dolor hubiera sido más difícil. Algunos hasta mencionaron que no tuvieron que recurrir a los opioides recetados para controlar el dolor.

Evita o reduce la presión arterial alta

La práctica de la concienciación se está utilizando con frecuencia para prevenir o reducir la presión arterial alta. Un paciente que asistía a nuestras clases de yoga estaba tomando hidralazina (Apresolina) para su tensión alta.

Eventualmente su médico le recomendó que disminuyera la dosis del medicamento ya que su tensión sanguínea estaba volviendo a niveles normales. El médico atribuyó esto a la práctica rutinaria del yoga, puesto que se reconoce que el yoga reduce la tensión sanguínea, probablemente por causa del incremento de los antioxidantes, lo cual resulta en una reducción en los niveles de cortisol, la hormona del estrés.

Te robustece ante el acoso

Los niños, adolescentes y adultos jóvenes se benefician enormemente al practicar la concienciación. Hemos notado que cuando aprenden a meditar y practicar el yoga de concienciación, los niños suelen tener menos problemas, tales como tomar alcohol, comer demasiado, consumir drogas y acosar a otros estudiantes

En nuestro centro, ofrecemos una clase de yoga para adolescentes. Durante un intercambio de ideas, un número significativo de ellos indicó que el segmento favorito de la clase era el momento de meditación cuando adoptaban la postura del cadáver (*savasana*) porque "esa postura nos ayuda a relajarnos y a resistir la presión de chicos mayores a consumir alcohol y fumar marihuana.

Nos permite reconocer que el comer demasiado y acosar a otros no es bueno para nadie. Entendemos lo que otros chicos están sufriendo, especialmente aquellos que son gay o los que no hablan bien el inglés."

Sólo por divertirme le pregunté a una niña de siete años cuál postura era la que más le gustaba, y sorprendentemente me contestó, la "*garbhasana*" (la postura del feto) y la "*kapotasana*" (la postura de la paloma). Dije, "¡Ándale, te has aprendido los nombres de las posturas en sánscrito! A lo que me respondió, "Lo sé. Es porque soy superdotada. En la escuela estoy en el programa de clases avanzadas para niños inteligentes." Como dice el refrán, "¡Los niños dicen cada cosa!"

Beneficios para los estudiantes universitarios

El único *mantra* que los científicos y los estudiantes entonan parece ser: "Espera por la evidencia". Por lo tanto, lograr que los estudiantes y los científicos crean en los beneficios de la concienciación no ha sido fácil. Para que se beneficiasen de la concienciación, aludí a utilizar la terminología "aprender a prestar plena atención".

Los estudiantes que han venido a nuestro centro han tenido experiencias muy positivas "prestando plena atención".

Esto incluyó un grupo de estudiantes de una escuela local que vino al centro a aprender a meditar antes de tomar el examen de admisión universitaria estandarizado (SAT, por sus siglas en inglés). Aunque no fue posible recopilar los datos sobre los resultados, anecdóticamente reportaron que la capacitación les ayudó con la recuperación de memoria, concentración y procesamiento de información.

Entre los que vinieron a nuestro centro, un cliente que estudiaba para certificarse en Terapia Familiar y de Parejas (LMFT, por sus siglas en inglés) reportó progreso en una amplia gama de áreas, incluso, mejor concentración, mayor capacidad para resolver problemas, agudez en la recuperación de la memoria, reducción en su reactividad, incrementada curiosidad, más paciencia y autoaceptación, así como agudez en su calidad relacional. Como beneficio secundario también notó que su consumo de alcohol disminuyó.

Impulsa la resiliencia

En su artículo,[3] el Dr. Shakya Kumara declara "Ante el cuadro de presión, retos y cambios, la reacción al estrés puede activarse fácilmente, de tal modo que la persona se torna rígida, inflexible e irritable.

Si el estrés perdura por mucho tiempo, el resultado es ansiedad, depresión y agotamiento. Es un problema creciente para nosotros en el mundo moderno. En el Reino Unido, por ejemplo, más del cincuenta por ciento (50%) de los días de baja por enfermedad son atribuibles a dichas enfermedades."

La resiliencia significa la habilidad de responder apropiadamente ante una situación difícil. Además, ayuda a mantener la flexibilidad corporal, la actitud constructiva y el humor positivo ante la presión social. La concienciación ayuda a reforzar la resiliencia de muchas formas."

Evita el agotamiento profesional y la indiferencia emocional

Mediante la integración de la concienciación al ámbito profesional de uno de los hospitales regionales, hemos comprobado su impacto en el rendimiento profesional. La práctica resultó en una reducción del agotamiento profesional ("burnout") y lo que llamamos "la indiferencia emocional".

Otros beneficios del programa incluyeron mayor interacción entre paciente y proveedor de atención médica, así como entre los colegas profesionales. Adicionalmente, se observó un aumento en la productividad. Tres de los participantes indicaron que, "parece que trabajamos menos pero que logramos mucho más durante nuestros turnos de trabajo."

El análisis de los datos mostró avances en la motivación y el ánimo, agudez en la claridad mental, aumento de la atención, agudez en la recuperación de la memoria y procesamiento de información, así como progreso en el control de impulso.

El yoga de concienciación ayuda a los niños con parálisis cerebral

En un estudio,[4] los autores mostraron que su estilo de yoga, "MiYoga", el cual incorpora movimientos conscientes, reforzó la atención (con rendimiento más atento y consistente) en niños pacientes de parálisis cerebral unilateral y bilateral.

Refuerza el sistema inmunológico.

En una reciente y amplia actualización[5], la cual incluyó datos recopilados de 1602 participantes, la evidencia tentativa reveló que la concienciación está relacionada con cambios en seleccionados biomarcadores del sistema inmunológico.

Los investigadores de esta actualización hallaron que a través de Ensayos Aleatorios Controlados (RTCs, por sus siglas en inglés) con más de 1600 participantes, la concienciación modula ciertos parámetros inmunológicos, lo cual sugiere un perfil más salutogénico para este sistema. Específicamente, la concienciación aparentemente está relacionada con reducciones en el proceso proinflamatorio, en incrementos en los parámetros de la inmunidad celular, así como en el refuerzo de la actividad enzimática que protege contra el envejecimiento celular.

Aunque estos hallazgos han sido replicados bajo bien diseñados Ensayos Aleatorios Controlados, los mismos están restringidos a ciertas poblaciones, análisis de subgrupos y tipos de enfermedades. Razonablemente, investigaciones adicionales tienen que llevarse a cabo para comprobar los efectos de la concienciación sobre los biomarcadores del sistema inmunológico y proporcionar un entendimiento más claro sobre la fiabilidad general de los hallazgos, así como analizar la relevancia de estos hallazgos en torno a los síntomas clínicos y estado general de salud.

Ayuda a manejar la ira

"La primera desventaja de la ira es que destruye la paz y tranquilidad interna. La segunda es que distorsiona nuestra percepción de la realidad.
Si tomas el tiempo para entender que la ira en realidad no te ayuda, que únicamente puede ser destructiva, entonces podrás tratar de eliminarla y distanciarte de ella.
~ Dalai Lama

La ira es parte ineludible de la vida, pero expresarla inapropiadamente y con frecuencia no es socialmente aceptable.

Nuestro centro ofrece adiestramiento en concienciación en conjunto con entrenamiento personal (conocido en inglés como "life coaching") particularmente para ayudar a quienes la ira les ha causado problemas legales. Nuestra intención es ayudar a los que desean tomar control personal, ayudarlos a aprender a decir "no" a peticiones irracionales y a eliminar situaciones desagradables, a establecer límites claros, así como a mantener su ira y estrés a niveles aceptables.

La mayoría de nuestros clientes son referidos por las cortes para el manejo de la ira. Generalmente, el adiestramiento es de siete semanas, a dos horas por semana. Nosotros informamos a la corte cuando el adiestramiento ha terminado o ha sido extendido, si fuera necesario, y al terminar, emitimos un documento que incluye las credenciales del personal involucrado en el adiestramiento.

Nuestros clientes aprenden a familiarizarse con la emoción de la ira (la cual puede convertirse en furia y cólera), a aprender compasión y empatía hacia el prójimo, así como a responder en vez de reaccionar a situaciones negativas de manera socialmente aceptable.

El programa de manejo de ira incluye:

- Consejería de vida.
- Respiración parasimpática (o sea, diafragmática).
- Ejercicios de mente y cuerpo (yoga de concienciación)
- Conciencia de los patrones de pensamiento que nutren la ira.
- Identificación de situaciones que detonan la ira.
- Entrenamiento autógeno
- Una diversidad de intervenciones de concienciación, tales como sentarse, comer y caminar conscientemente.

Conclusión

¡Aprende a vivir una vida sin sufrimiento!

Es obvio que con la práctica regular de la concienciación[6] la persona puede ejercitar la mente y modificar la estructura y funcionamiento del cerebro para comenzar a vivir de una manera totalmente diferente. Para aprovechar los muchos beneficios de la concienciación, una vida sin estrés, sin dudar de sí mismo, libre de dolor físico y otros efectos negativos de una vida desbalanceada, lo único que tienes que hacer es dedicar unos minutos de tu vida a, como Jon Kabat-Zinn nos dice, "… *prestar atención deliberadamente, en el momento presente y sin juzgar, a cómo se despliega la vida de momento a momento*".

{ **4** }

LAS INTERVENCIONES

Existe una cornucopia de intervenciones de concienciación disponibles para ayudar a mejorar nuestras vidas.

El aprender la concienciación a través del yoga de concienciación, los programas de Reducción de Estrés Basada en la Concienciación, la Prevención de Recaídas Basada en la Concienciación y la Terapia Cognitiva Basada en la Concienciación, así como la consejería de vida, todos pueden ayudar a la persona a vivir una vida sin sufrimiento.

Estas intervenciones pueden ser formales o informales. La concienciación formal es el ejercicio de mantener la atención sobre el cuerpo, la respiración, las sensaciones que se perciben o lo que sucede en cada momento.

La informal solamente presta plena atención a lo que se está haciendo en cualquier momento en específico. Por ejemplo, enfocándote plenamente en lo que está sucediendo mientras friegas platos, comes, te cepillas los dientes o te das una ducha.

Todas estas actividades cotidianas te permiten mantener la mente anclada en el momento actual — fuera del pasado y del futuro.

Para la meditación formal, intencionalmente programas cierto período de tiempo para meditar. De tal manera, puedes entrenar la mente más profundamente.

Según mi propia experiencia, la meditación formal me ayuda a "soltar" toda negatividad, todo trastorno que me moleste, hasta los dolores físicos. De tal manera, simplemente disfruto de la vivacidad y exquisitez disponible en el momento presente.

Después de la meditación formal, encuentro que he entrenado mi mente a enfocarse mucho mejor en lo que está sucediendo según evoluciona el día. Puedo proceder con mi vida cotidiana con una visión fresca y positiva, estando consciente de lo que estoy haciendo, por ejemplo, de la sensación de los dedos sobre el teclado de la computadora mientras estoy escribiendo este libro o simplemente paseando mi perro antes del anochecer.

Tres tipos principales de intervenciones

En breve, hay tres tipos principales de intervenciones, *la atenta* (o sea prestar atención), *la constructiva y la destructiva*.

En la *atenta*, la persona simplemente presta atención u observa la respiración entrar y salir de las fosas nasales, la expansión y contracción del abdomen o tórax con la inhalación y exhalación, y si la mente deambula hacia el pasado o el futuro, regresa, sutil pero firmemente, a concentrarse en la respiración.[1]

La respiración diafragmática es un ejemplo del tipo de intervención de prestar atención durante la respiración.

La intervención de amabilidad ("Metta" en sánscrito) es ejemplo del tipo *constructivo*, la cual abarca las cuatro actitudes de amabilidad (las *brahmavihārās* en sánscrito), *bondad, compasión, empatía y ecuanimidad* hacia uno mismo y todo otro ser sensible y viviente.

El Yoga Nidra que enseñamos en nuestro centro es un ejemplo de la intervención *destructiva*, donde al cliente se le invita a explorar todos los aspectos de un evento eufórico y positivo experimentado en el pasado, luego a uno negativo y catastrófico, con la intención de "destruir" los efectos nocivos de pensar en eventos traumáticos — para que el cliente reconozca que los eventos del pasado no deben interferir con nuestra felicidad en el presente. (Esta intervención se explica detalladamente más adelante.)

Una de las grandes ventajas de la meditación es que puede ser practicada casi en cualquier lugar. No obstante, la clave es conseguir un lugar tranquilo sin distracciones. Cuando hayas encontrado el lugar apropiado, acomódate en postura relajada con iluminación tenue y guarda tu teléfono en un lugar donde nadie te pueda interrumpir.

Al comenzar no te obsesiones con tratar de lograr la técnica correctamente. Primero es más importante concentrarse en relajarse y despejar la mente. Luego, podrás comenzar a perfeccionar los métodos detallados más adelante para lograr mejores resultados.

Como Jon Kabat-Zinn me decía cuando me estaba enseñando a meditar en la década de los 1980, "Sólo hazlo" ("Just do it").

Según sus instrucciones, el prestar plena atención a nuestra respiración es como despertar la verdadera naturaleza de todo y llegar a la liberación espiritual. *Breathe, You Are Alive*[2] es un texto que detalla dieciséis ejercicios de respiración consciente derivados de las enseñanzas del Buda, junto con comentarios y otros ejercicios que pueden ser practicados diariamente en cualquier situación. La cordura y explicaciones de Thich Nhat Hanh le brindan al lector acceso al alimento espiritual disponible cuando nos ponemos en contacto con nuestra inhalación y exhalación. Lleva al lector a través de varios ejercicios, desde la

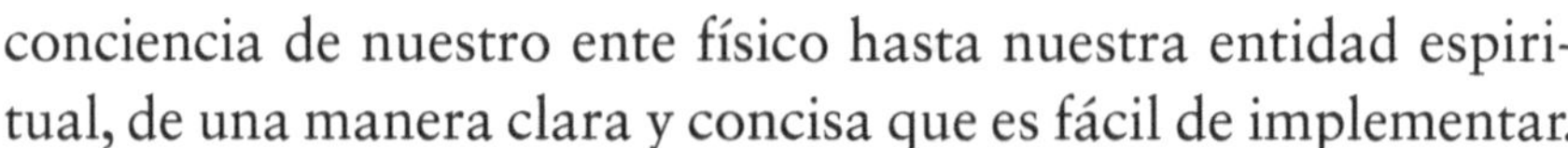

conciencia de nuestro ente físico hasta nuestra entidad espiritual, de una manera clara y concisa que es fácil de implementar.

> *"Inhalando y exhalando estoy consciente de mi respiración. Inhalando y exhalando estoy consciente de mi cuerpo".*
> *"Inhalando y exhalando estoy consciente de mi mente. Inhalando y exhalando estoy consciente de lo efímero de toda realidad en la vida. Nos concentramos en la respiración controlada mientras permitimos que los pensamientos surjan".*

Se registran los pensamientos, pero no se juzgan. Al permitir que la mente permanezca en el "ahora", se pueden reducir los niveles de ansiedad y depresión.

Para obtener los mejores resultados, debes sentarte con las piernas cruzadas, los ojos cerrados y mantener la columna vertebral recta.

Si se practica con frecuencia, la práctica regular de la concienciación nos provee mayor entendimiento fisiológico y psicológico de lo que es sanación emocional. Las intervenciones se prestan para aliviar los síntomas relacionados con el estrés, las inquietudes sobre la salud mental, y con los dolores físicos. Aun así, las intervenciones pueden ser utilizadas para enfrentar una amplia gama de síntomas y problemas.

De hecho, el arte, la práctica y la implantación de las intervenciones basadas en la concienciación han aumentado significativamente desde su introducción como parte de la Medicina Occidental. Como he indicado anteriormente, la concienciación no es sino el estado natural del ser humano durante el cual una persona siente y presta atención a lo que está evolucionando de momento a momento.

Existen diversas intervenciones de concienciación, y es fuera del alcance de este libro detallar todas y cada una de ellas. Pero, para la conveniencia del lector, enumero aquí las más populares:

Modelo básico de la Prevención del Estrés Basada en la Concienciación

La intervención básica fue introducida por Kabat-Zinn en su programa MBSR, e incluye:

1. Meditación sentada
2. Movimientos conscientes — caminar, comer (el ejercicio de las pasas), y Hatha Yoga (yoga suave).
3. Escaneo del cuerpo — la exploración consciente del cuerpo, comenzado con los pies y progresando hasta el cuello y la cabeza.

Estas intervenciones se concentran en prestarle atención a las sensaciones corporales, la respiración, las emociones y los pensamientos, adoptando una actitud imparcial de aceptación, sin juzgar mientras el tiempo evoluciona de momento a momento.

En el ejercicio de comer las pasas, por ejemplo, al comer la primera pasa, uno se concentra en los aspectos físicos de la pasa (su color, textura, olor, el hecho de que tiene un ombliguito en un extremo, su sabor, el proceso de mascar, los residuos que permanecen entre los dientes después de ingerir la pasa, etcétera). Al consumir la segunda pasa, uno se concentra en las dinámicas requeridas para que la pasa llegue a nuestras manos (las fuerzas de la naturaleza, tales como la lluvia y el sol, la mano de obra, la cosecha, el secado de las uvas, el empaque, transporte al mercado, etcétera).

Cuando se consume la tercera pasa, uno se concentra en el ciclo de crecimiento de la uva, como estuvo conectada a través del ombliguito al racimo en total, a la viña, a la tierra, como atraviesa nuestro sistema digestivo, como los intestinos absorben sus nutrientes y como los residuos retornan a la tierra para que el ciclo se repita.

Conforme a este modelo los estudiantes reciben grabaciones de audio y un cuaderno de trabajo para practicar en el hogar. Además, se les recomienda practicar concienciación informal al llevar a cabo actividades cotidianas, tales como al cepillarse los dientes, cenar, ducharse, etcétera. El objetivo del programa es que los estudiantes aprendan a estar plenamente conscientes de lo que está sucediendo en sus vidas cotidianas.

Nuestra forma de operar y las intervenciones que enseñamos

Al enseñar la concienciación, nuestro enfoque es:

- Proporcionarle al estudiante la evidencia científica más actualizada disponible en torno a los beneficios de la concienciación.
- Abstenerse de introducir imágenes de las tradiciones contemplativas arquetípicas, tales como *mantras, trantras, yantras,* vestimentas, etcétera.
- Crear un sentido de pertenencia e inclusión (nuestros participantes abarcan personas de diferentes grupos raciales y étnicos, orientación sexual y trasfondo profesional).
- Adoptar la mezcla pedagógica correcta mediante la combinación de experiencias empíricas, científicas y anecdóticas.
- Narración de anécdotas (para que los estudiantes entiendan la importancia de la concienciación).
- Permitir tiempo suficiente para preguntas, respuestas, comentarios y reflexiones.
- Incluir programas y prácticas sostenibles, tales como consejería de vida y otros programas e intervenciones de concienciación.

Intervenciones que nuestro centro ofrece:

Nuestro objetivo primordial es ayudar a la persona que ha tenido problemas con abuso, trauma psicológico, o que se está recuperando de algún comportamiento adictivo.

Esto incluye seres humanos que padecen de insomnio, reviviscencias ("flashbacks") y/o pesadillas atribuibles a experiencias del pasado o que están lidiando con una adicción que afecta la calidad de sus vidas o la de sus seres queridos. Les ofrecemos y enseñamos las siguientes intervenciones de concienciación.

Yoga dirigido por un entrenador

El yoga dirigido por un entrenador, una de las más importantes intervenciones que enseñamos, le enseña al cliente a enfocarse en las sensaciones de su cuerpo, en sus pensamientos y emociones mientras sostienen la postura o hacen el movimiento. Es una destreza que le ayuda a sentirse estable y poderoso dentro y fuera del centro. La práctica tiene sus raíces en las tradiciones de Hatha Yoga, Yoga Restaurativa y Yoga del Trauma Sensible ("Trauma-Sensitive Yoga", detallada más adelante). Los que han recurrido a nuestras clases afirman que el yoga ha reforzado tanto su mente como su bienestar y su resistencia física de una manera muy poderosa.

Yoga Nidra

La Yoga Nidra es un estilo de yoga en el cual el cliente logra un estado de conciencia entre estar despierto y dormido. Es un estado en que el cuerpo se encuentra completamente relajado, pero el cliente puede seguir instrucciones y señales verbales.

El Yoga Nidra que ofrecemos está basado en el método desarrollado por Richard Miller, Ph.D.[3] Es una intervención meditativa guiada que invita al estudiante a estar consciente de sus sensaciones somáticas, viscerales y kinestésicas, su respiración y sus emociones. Al comienzo, se invita al cliente a recordar y explorar todos los aspectos de un evento eufórico y positivo vivido en el pasado — el momento en que ocurrió, las personas presentes, las expresiones en sus caras, la ropa que vestían, lo que sintió entonces y ahora mismo, etcétera.

Inmediatamente después, se le pide al cliente que recuerde y explore de igual manera un evento negativo, traumático y catastrófico vivido en el pasado.

El propósito del ejercicio es permitir que el cliente se dé cuenta de cómo su cerebro manejó y moduló eventos del pasado y cómo dichos eventos todavía impactan nuestro bienestar en la actualidad.

Así, el cliente que ha sufrido eventos traumáticos en el pasado comienza a reconocer que el pasado es inmutable e incansable y, por lo tanto, no debe interferir con la vivacidad y exquisitez del presente. Es una intervención utilizada en nuestro centro para aliviar los síntomas del Trastorno de Estrés Postraumático (TEPT). (Más adelante se detalla la historia de Iván, cliente que se recuperó del estrés postraumático practicando Yoga Nidra.)

Yoga del Trauma Sensible (YTS)

En combinación con Yoga Nidra, también ofrecemos el Yoga del Trauma Sensible (YTS) para el manejo de trauma emocional.

El YTS que enseñamos está basado en el yoga desarrollado por David Emerson[4] y Bessel van der Kolk, MD en el *Trauma*

Center at Justice Research Institute in Brookline, Massachusetts. Se deriva de la obra seminal de van der Kolk, *The Body Keeps the Score*[5], en la cual detalla que el paciente traumatizado sufre de despersonalización, o sea la manifestación externa del mecanismo clásico de "congelación rápida", la cual incluye la clásica "mirada ausente", falta de respiración, incremento en el ritmo cardíaco, sudoración y asfixia.

Estos pacientes, en vez de luchar por escapar, pierden su interocepción (la señalización y percepción de sensaciones corporales) a fines de protegerse. Este tipo de inmovilización es generada en el cerebro reptiliano de la mayoría de las personas crónicamente traumatizadas. El objetivo primordial de este estilo de yoga es lograr que el cliente recupere la sensación en las entumecidas áreas del cuerpo. Una vez restablecidas las sensaciones, el cliente comienza a recuperarse del trauma. (Más adelante se detalla la historia de Sherry, cliente que se recuperó de abuso sexual practicando Yoga del Trauma Sensible.)

Es importante que el facilitador recuerde que el objetivo de YTS es prestar atención a las sensaciones del cuerpo y no a los pensamientos, emociones, visiones, sonidos o aromas.

Por lo tanto, el facilitador se concentra en *preguntar* e *invitar* al cliente a prestar atención a lo que siente anatómicamente según se ejecutan las diversas posturas. El cuerpo nunca debe ser tocado o ajustado ya que esto puede interferir con la percepción de las sensaciones físicas (interocepción).

También es importante *invitar*, en vez de *exigir* que el cliente asuma alguna postura especial. Una orden o exigencia pueden ser consideradas como amenazas para una persona que ya de por sí está traumatizada, o puede ser que la aptitud física requerida para la postura resulte dolorosa.

Consejería de Vida

La Consejería de Vida es otra modalidad que ofrecemos en nuestro centro, aunque en realidad no es una intervención de concienciación.

El Consejero de Vida trabaja con el cliente en el desarrollo de sus objetivos personales, ayudándolo a organizar un plan de acción encaminado a la consecución de estos objetivos.

En realidad, es para la persona que no desea o se siente incómoda con psicólogos o psiquiatras o que desea establecer metas para enriquecer su vida personal o profesional.

Esta exitosa y popular forma de terapia de dialogar ha ayudado a muchas personas a dar un giro positivo, impulsándolas hacia adelante, ayudándolas a establecer metas saludables en torno a sus vidas personales y profesionales.

Los tres pasos de entrenamiento personal son los siguientes:

Paso uno: La primera sesión es para que el Consejero de Vida pueda determinar las necesidades del cliente.

Paso dos: El Consejero de Vida y el cliente comienzan a establecer metas con objetivos alcanzables.

Paso tres: El cliente regresa para sesiones de seguimiento a fin de discutir lo que se aprendió, las metas establecidas durante la previa sesión y lo que se ha logrado hasta la fecha.

Es entre una sesión y otra cuando el cliente tiene que enfocarse en su deseo de cambiar. Durante las sesiones el Consejero de Vida observará lo que ha ocurrido, verificará si el cliente está cumpliendo con sus metas. y recomendará cambios según sea necesario.

Es el cambio en su modo de pensar, combinado con su intención de enfrentar retos y crecer lo que permitirá que el cliente logre sus metas.

Respiración parasimpática — Respiración diafragmática

El Sistema nervioso autónomo, la parte del cerebro que la persona no puede controlar, consiste en la vías simpáticas y parasimpáticas que controlan las funciones vitales del cuerpo. Ambas funcionan de forma continua y antagónica para mantener la homeostasis o estabilidad funcional.

El sistema nervioso simpático prepara el cuerpo para la reacción de "pelear, huir o congelarse" mientras que el sistema parasimpático lo prepara para el ciclo de "descansar-relajar-digerir".

El reclutamiento de los cuatro nervios craneales, especialmente el nervio vago, con origen en el tronco del encéfalo y propagación de sus fibras nerviosas hacia la garganta y la parte superior del cuerpo, ayuda con la regulación homeostática y restablecimiento del bienestar.

De hecho, el calmar nuestro sistema nervioso es muy valioso. La mejor manera de hacerlo es con la manipulación de la respiración. Uno mismo puede regular la respiración diafragmática. Y como la respiración siempre nos acompaña, esto puede hacerse dondequiera y en cualquier momento.

Para practicar la respiración diafragmática, siéntate cómodo en un lugar donde nadie te interrumpa. Comienza a respirar profundamente a través de las fosas nasales, expandiendo el estómago. Pausa, contando hasta cuatro y exhala lentamente, a través de las fosas nasales, al conteo de ocho. Repite el ejercicio varias veces al día tomando quince profundas y lentas respiraciones en un lugar tranquilo sin interrupciones. Si la mente deambula hacia el pasado o el futuro, sutil pero firmemente, regresa la mente a que se concentre en la respiración.

Presta atención al aire cuando entra y sale de las fosas nasales y observa, lo mejor que puedas, la inflación y deflación del estómago con la inhalación y exhalación.

Meditación basada en el escaneo del cuerpo

La meditación basada en el escaneo de cuerpo es una exploración profunda de las sensaciones percibidas en el cuerpo según evoluciona el momento. Este tipo de concienciación permite que la persona pueda reducir los niveles de estrés, ansiedad y dolor físico casi inmediatamente.

Para esta intervención, sistemáticamente comienza prestándole atención a las sensaciones percibidas en el pie izquierdo y procediendo hasta la parte superior de la cabeza.

Durante el escaneo del cuerpo es posible notar una amplia gama de sensaciones físicas:
- Dolor
- Malestares
- Picazón (prurito)
- Hormigueo
- Endurecimiento
- Ligereza
- Pesadez
- Tibieza
- Frío

Puedes optar por clasificar la sensación como neutral, agradable o desagradable.

Mediante esta exploración profunda notarás que el cuerpo comenzará a revelar cosas que nunca habías notado. O quizás en ciertas partes del cuerpo no sientas nada. Por ejemplo, algunos de nuestros pacientes que sufren de TEPT (trastorno de estrés postraumático) o de C-TEPT (trastorno de estrés postraumático complejo) han notado que ciertas partes de sus cuerpos carecen de sensación (interocepción). En dichos casos le hemos recomendado al cliente que considere algunas sesiones del Yoga del Trauma Sensible (YTS) para explorar la etiología del porqué de la carencia de sensación.

El escaneo del cuerpo que nosotros enseñamos es una modificación de la intervención de Judith Blackstone.[6]

El guión

Siéntate cómodo en una silla con tus manos en la falda, palmas hacia abajo o con la mano dominante sujetando la mano menos dominante. O si prefieres, acuéstate cómodo con una almohada debajo de la cabeza, brazos a lo largo del costado del cuerpo, sin tocar el cuerpo y los pies aproximadamente pie o pie y medio aparte con los talones rotando hacia afuera.

Las manos

Tómate un momento para observar la posición de tus manos. Fíjate, ¿están rígidas o relajadas?; ¿frías o tibias?

Nota cualquier sensación que sientas en tus manos.

Considera la anatomía de tus manos — los dedos, las coyunturas, las articulaciones, las uñas, los vasos sanguíneos y nervios que entrecruzan tus manos y las diversas maneras en que puedes girar, doblar y manipular tus manos para hacer cosas.

Ahora, piensa en una tarea sencilla que hiciste con tus manos durante el día de hoy, por ejemplo, cepillarte los dientes o utilizar un tenedor para comer. Considera lo difícil o imposible que hubiera sido llevar a cabo esa simple acción sin el uso de tus manos. Reflexiona en el milagro y misterio de tus manos.

Los pies

Permite que tu imaginación se deslice hacia tus pies y nota las sensaciones que tienes en esas partes de tu cuerpo, si es que sientes algo. Tómate un momento para notar qué sientes. Trata de apreciar el realmente estar allí, como si estuvieras viviendo dentro de tus pies. También puedes imaginarte que al inhalar diriges la respiración hacia los pies y ves que los pies se inflan, que se dilatan, y que hasta se levantan un poco del piso.

Las piernas

Ahora, pasa a visitar tus piernas. Imagínate que estás dentro de tus piernas. Nota la parte superior, los lados y la parte inferior de tus piernas. Tómate un momento para realmente apreciar lo que es vivir dentro de tus piernas. Y una vez más, al inhalar, dirige la respiración hacia las piernas, imagínate que se inflan, que se levantan un poco hacia el cielo y al exhalar, déjalas desaparecer, que se disuelvan.

Los acetábulos (cavidades o fosas de las caderas) — partes muy importantes del cuerpo

Ahora permite que tu imaginación se deslice hacia las fosas de tus caderas. En esta parte del cuerpo nosotros comenzamos a purificar la mente. Como mejor puedas, intenta penetrar las fosas de tus caderas, ya que muchas emociones se acumulan en esas partes del cuerpo. A ver si puedes detectar alguna sensación en las fosas. Es un lugar donde muchos de nosotros almacenamos angustias y sufrimientos del pasado. Por lo tanto, en tal sentido, es importante tratar de recuperar esas sensaciones — habitar las fosas de las caderas por unos minutos.

No obstante, no te decepcione ni te desanimes si al principio no sientes nada. Si no sientes nada, eso es precisamente lo que sientes — nada. Eventualmente y con práctica constante comenzarás a percibir sensaciones en esas partes del cuerpo.

Y repito, al inhalar, dirige la respiración hacia las fosas de las caderas, imagínate que se inflan; al exhalar, déjalas desaparecer, que se disuelvan.

La pelvis

Procede a permitir que tu imaginación se deslice hacia tu pelvis. Deslízate dentro tu pelvis hasta que te sientas cómodo en esa parte de tu cuerpo. Como mejor puedas, intenta sentir tu sexualidad, tu género, sea como sea que disfrutas de tu género, de tu sexualidad. Es posible que sientas esa sexualidad en tu pelvis. Y, dirige la respiración hacia tu pelvis.

Siente que la respiración penetra la calidad que reside dentro de tu pelvis — tu sexualidad y género.

Una vez más, dirige la respiración hacia la pelvis, imagínate que se infla, se agranda y al exhalar déjala desaparecer, que se disuelva.

Sección central

Ahora permite que tu imaginación penetre tu sección central, el área entre el borde superior de las costillas y la pelvis, la sección que abarca el plexo solar (la boca del estómago) donde tiende a acumularse mucha tensión. Palpa el poder, la fuerza y la confianza en tus entrañas. Dirige la inhalación hacia esa parte de tu cuerpo, y recuerda tomar profundas inhalaciones y lentas y largas exhalaciones. Como siempre, si no sientes nada en esa parte de tu cuerpo, eso es lo que sientes: nada.

Igual que antes, dirige la respiración hacia la sección central, imagínate que se infla, se agranda y al exhalar, déjala desaparecer, que se disuelva.

El tórax

Ahora, dirige tu imaginación hacia tu torso, el área completa, incluyendo la espalda y los costados. Reposa por varios minutos dentro de tu torso, como si estuvieras descansando dentro de tu corazón. Percibe la amabilidad en tus entrañas.

No tiene que ser un gran sentimiento, simplemente un poco de ternura en tu pecho. Notarás que esto será más fácil cada vez que lo vuelvas a practicar.

Una vez más, respira hacia tu corazón, profundas inhalaciones y lentas, largas exhalaciones.

Las fosas de los hombros

Lleva tu imaginación hasta las fosas de tus hombros. Dirige la inhalación hacia esa parte de tu cuerpo, recordando inhalar y exhalar profundamente. Como siempre, si no sientes nada en esa parte de tu cuerpo, eso es lo que sientes: nada.

Lo mismo que antes, dirige la respiración hacia las fosas de tus hombros, imagínate que se inflan y se agrandan. Al exhalar, déjalas desaparecer, que se disuelvan.

El cuello

Dirige tu mente hacia tu cuello. Tómate unos momentos para apreciar estar ahí, dentro de tu cuello. En realidad, puedes percibir la calidad de tu voz, tu capacidad de poder hablar. Observa la respiración moverse a través de tu voz. Si deseas, haz que el sonido de tu respiración sea lo suficientemente fuerte para que oigas el laríngeo de la respiración detrás de tu garganta. O quizás no sientas nada, lo cual está bien.

Al concentrarte en el cuello y la garganta quizás desees preguntarte si cuando estás dialogando con otra persona, ¿estarás prestando atención para aprender algo nuevo de esa persona o será para aprender a prepararte a responderle?

La cabeza

Permite que tu mente se dirija hacia tu cabeza. Ablanda la frente e imagínate hebras de fideos hervidos suaves sobre la frente. Presta plena atención a lo que sientes en la cabeza por varios minutos — la frente, las mejillas, las fosas nasales, la quijada, la boca, los labios, la barbilla y las orejas. Si tu quijada está tensa, relájala. Imagínate que tus ojos se hunden en las fosas ópticas. Dirige tu mente hacia tu lengua y nota el contacto que hace con los dientes y el paladar. ¿Notas la cantidad de saliva en tu boca? Y tus labios, ¿están resecos y hormigueando?

La mente

Visita tu mente. Hasta la mente puede reposar, puede atenuarse. Trata de encontrar dónde está tu mente en este preciso momento. La función de la mente es pensar. Pedir que la mente no piense es como pedir que los pulmones no respiren o que el corazón deje de latir. Por lo tanto, tómate unos momentos para notar dónde está tu mente en este preciso momento. Y si notas que la mente ha deambulado hacia el pasado o el futuro, regrésala al "ahora" sutil pero firmemente. Puedes regresarla a tu respiración, a los sonidos que oyes, a las sensaciones del cuerpo o a cualquier otra cosa que esté sucediendo en el momento presente.

El cuerpo completo

Presta plena atención a lo que estás percibiendo en todo tu cuerpo ahora mismo. Palpa ese espacio dentro y fuera de tu cuerpo, algo que hay ahí, pero sin abandonar tu propio cuerpo. Quédate aquí mismo en el ahora, aceptando el mundo tal como es, evitando la tentación que todo humano tiene de querer que el mundo sea diferente a lo que es. Recuerda que *la resistencia provoca la persistencia y que la concienciación induce la sanación — reduce el sufrimiento.*

Si deseas, imagínate que tu cuerpo está cubierto con una niebla de luz celeste, y que tu cuerpo asciende y miras hacia abajo, donde ves una escultura perfecta, sin defecto alguno… irreprochable.

Trata de recordar la definición de concienciación mientras reposas ahí sin hacer nada.

> *"…la conciencia que aparece al prestar atención deliberadamente y sin juzgar, a cómo se despliega la experiencia de momento a momento"*

Escucha

Tómate unos momentos para simplemente escuchar los sonidos que te rodean. Sonidos que surgen de momento a momento. Simplemente deja que surjan, dejando que emanen como sean.

Relájate — respiración direccional

El propósito de esta actividad final es que el cliente pueda practicar la respiración direccional para eliminar toda negatividad interna.

Dirige la mente hacia tus pies e imagina perforaciones pequeñas en las plantas de los pies. Ahora, dirige la mente hacia la corona de tu cabeza e imagina un orificio del tamaño de una peseta.

Recurriendo a tu imaginación, imagina que estás inhalando a través de las plantas de tus pies, que tu respiración asciende por las piernas, la pelvis, el torso, el cuello hasta la cabeza, y al llegar a la cabeza, expeles el aire por el orificio en la corona del cráneo, expulsando todas las toxinas corporales, toda negatividad que pueda haber dentro de tu cuerpo y mente. No tienes que identificar la negatividad… simplemente deshacerte de ella… inhalando aire fresco y oxigenado y aspirando toda la vivacidad y la exquisitez disponible en ese momento.

Si deseas, invierte la dirección de la respiración, inhalando a través del orificio en la cabeza y exhalando por las plantas de los pies. Repite esto varias veces. Repítelo hasta que oigas el sonido de una campana.

Cuando estés listo, comienza a estimular sensaciones al cuerpo, meneando los dedos de los pies y las manos, llevando tus brazos hacia arriba y estirándolos, extendiendo y flexionando los pies y empalmando tus manos y frotándolas rápidamente para generar un poco de calor. Luego coloca las palmas de tus manos sobre tus ojos para sentir ese agradable calor. Junta tus manos como si estuvieras rezando (la postura de *Añjali Mudrā*).

El facilitador termina el ejercicio recitando lo siguiente:

> *"Que nos veneremos a nosotros mismos, a nuestros seres queridos, amigos y desconocidos.*
> *Que no olvidemos la homogeneidad entre nosotros mismos, nuestros enemigos, adversarios, los que nos causan conflictos, y aquéllos contra quienes podamos discriminar.*

Que estemos exentos de peligro.

Que podamos gozar de paz y tranquilidad mental y física, así como de bienestar.

Que lidiemos con los obstáculos en nuestras vidas y sufrimientos con amor, compasión, entendimiento y aceptación.

Que no olvidemos que somos seres integrales del universo en que vivimos, por lo tanto, que nuestras vidas resuenen en armonía con todo ser viviente.

Tampoco olvidemos que solos nada podemos lograr, que solos no somos nada y que lo que es quizás no lo podamos ver.

Y, sobre todo, nunca olvidemos que todos descendemos del mismo vientre materno."

Meditación al caminar

Una de las formas más útiles de meditar es la práctica sencilla de prestar atención a las sensaciones del cuerpo mientras se camina. Es una simple forma de calmarnos y establecer conectividad entre nuestra mente y nuestro cuerpo con nuestro entorno.

Para este ejercicio, busca un lugar apacible donde puedas caminar sin distracciones, ya sea dentro de la casa o afuera al aire libre. Comienza a caminar lentamente, levantando el pie y la pierna del suelo y conscientemente bajándolas otra vez.

Presta plena atención a cada movimiento de la caminata. Cuando llegues al final de la caminata, pausa por un breve momento. Voltéate, toma otra pausa y comienza a caminar otra vez, prestando plena atención a los movimientos de los pies, las piernas y todo el cuerpo. Puedes caminar en diferentes áreas, variar la velocidad de la caminata, la hora del día, etcétera. Y si la mente se te escapa hacia el futuro o el pasado, regrésala sutil pero firmemente a los movimientos del cuerpo, ya que eso es lo único importante de este ejercicio.

Meditación sobre el ritmo cardíaco

La meditación sobre el ritmo cardíaco es formidable y fácil de practicar. Se concentra en coordinar la respiración con el latido del corazón. Puede hacerse sentado, con los ojos cerrados o abiertos, mientras caminas o realizas otras actividades. Te prepara para manejar el estrés eficazmente en vez de sólo aplacarlo. Optimiza tu habilidad de controlar las emociones para evitar el agotamiento mental y físico debido a los efectos nocivos del estrés. Los beneficios que esta intervención ofrece son tanto emocionales como espirituales.

La meditación de la bondad (compasión)

La bondad es un ejemplo de la meditación *constructiva*.[7] Utiliza palabras o imágenes que inculcan cariño hacia uno mismo y a los demás. La manera de practicar la bondad en nuestro centro es invitar al cliente a recordar una fotografía reciente de sí mismo con otros mientras se concentra sutilmente en la respiración por aproximadamente quince minutos.

Y durante el ejercicio, el meditador recita lo siguiente:

"Que me extienda cariño a mí mismo (y a la otra persona o entidad). Que esté exento de peligro (y la otra persona o entidad).

Que pueda gozar de paz, tranquilidad y bienestar mental y físico (y la otra persona o entidad).

Las imágenes visualizadas son las siguientes:

- Tú mismo (a la edad que desees).
- Un ser querido (madre o padre, hermano o hermana, tu pareja, esposo, esposa, o cualquier persona que te ame.
- Amigo(a) (la persona con quién compartes asuntos personales).
- Un desconocido (cajero en un mercado, cajero en un banco u oficina postal, persona estacionada en el coche junto a ti en una señal de pare o un semáforo).
- Una persona que te causa conflictos.
- Un ser sensible y viviente (una res a punto de ser sacrificada).

Ahora, imagínate una situación difícil. Vas un poco atrasado para una cita médica que has tratado de concertar por meses. De hecho, estás excediendo los límites de velocidad. De repente ves un perro que ha sido atropellado tendido a un lado de la carretera aullando de dolor. Los automóviles y los peatones pasan ignorando al animal. ¿Qué harías tú?

Meditación destructiva

Un ejemplo de la meditación *destructiva* es aquélla que nulifica los pensamientos negativos utilizando la Yoga Nidra[8] innovada por Richard Miller, durante la cual el cliente es invitado a explorar todos los aspectos de una experiencia eufórica positiva, y luego una negativa y catastrófica.

Este estilo de meditación ayuda al cliente a modular, mediante la neuroplasticidad, la forma en que la mente procesa eventos negativos sufridos en el pasado.

Se presta para remover obstáculos negativos que ofuscan la felicidad y el bienestar, transformando pensamientos, patrones y hábitos nocivos en acciones y metas positivas destinadas a facilitar cambios saludables. Ya sea por sufrimiento atribuible a una enfermedad física o mental, o simplemente por haber sufrido las luchas de la vida cotidiana, el cuidarse a uno mismo es esencial para nuestro bienestar. Todos podemos aprovechar estas intervenciones de concienciación para lograr vidas más saludables, balanceadas y felices.

Meditación respiratoria de breve espacio

Esta breve y lenta meditación de quince respiraciones suele ser útil cada vez que surja una situación estresante. El propósito de la meditación es prestar atención a la experiencia en vez de permitir que te afecte adversamente.

Para practicarla, simplemente siéntate en un lugar aislado, libre de interrupciones y toma quince respiraciones, concentrando en lentas y largas exhalaciones. Si no encuentras un lugar, hágase saber que, para esto, Dios invento los baños. ¡Busca uno, siéntate en el retrete y respira! Durante la inhalación, el corazón late un poco más rápido, mientras que durante la exhalación el sistema nervioso parasimpático pone el cuerpo en el estado de "descansar-relajar-digerir".

Y como siempre, si notas que la mente deambula hacia el pasado o el futuro, sutil pero firmemente regrésala a la respiración.

Meditación de los sonidos

Para esta meditación, simplemente siéntate o acuéstate en una postura cómoda, cierra los ojos y presta atención a los sonidos que oyes, según surgen y se van. Si te encuentras en un ambiente sin sonidos, simplemente escucha al sonido del silencio o toca un poco de música suave, o puedes ir y sentarte en un bosque a oír los sonidos de la naturaleza. Y como siempre, si notas que la mente deambula, sutil pero firmemente regrésala a los sonidos que escuchas.

Meditación de la montaña

Normalmente esta meditación se hace sentado. Cierra los ojos, si lo deseas, y presta atención a la respiración que entra y sale por las fosas nasales. Procede a imaginar la más majestuosa montaña posible, sus altos picos, su esplendoroso contorno, su gran base enraizada en el lecho rocoso de la base terrestre, su empinado y suavemente inclinado costado, lo resistente que es a las tormentas y los vientos que la azotan durante los aterradores inviernos.

Sigue sentado, imaginándote a la montaña en la primavera, silenciosa, de momento a momento, luego cubierta de una falda de esplendorosas flores, regresando la mente a la visión de la montaña si ha deambulado hacia el pasado o el futuro, hasta que el facilitador suena la campana que señala la terminación de la meditación.

Meditación del lago

Esta meditación guiada se hace también sentado. Normalmente, el facilitador invita a los participantes a concentrarse en las sensaciones del cuerpo y la respiración. Y cuando estén listos, se les pide que se imaginen sentados sobre un peñón grande en el medio de un diáfano lago. Su superficie es como la de un espejo que refleja los árboles, las rocas, el cielo, las nubes y todo alrededor.

Si miran hacia el fondo del lago, se imaginarán que ven unas rocas, una llanta de auto descartada, plantas acuáticas, peces yendo y viniendo y hasta un tronco cubierto de musgo.

Se les pide entonces que lancen una roca grande hacia el lago que agita una nube de sedimento que desvanece todas las imágenes en el fondo del lago. Pero se les pide que en sus mentes sigan mirando hacia el fondo del lago, y con el tiempo la oscuridad comenzará a disiparse, y poco a poco, en sus mentes verán los mismos peces zigzagueando dentro de la penumbra del lago, y también la silueta de la llanta descartada y el perfil del tronco cubierto de musgo.

Tal como en la meditación de la montaña, los participantes continúan manteniendo silencio mientras sostienen las imágenes al fondo del lago que aparecen lentamente, hasta que el lago reaparece en estado transparente.

Y el facilitador sonará la campana para terminar la meditación.

Meditación al comer

Para esta meditación siéntate y comienza a notar tu respiración y sensaciones del cuerpo, tus pies sobre el piso. ¿Qué ocurre en ese preciso momento? Presta plena atención al trozo de comida que estás a punto de comer e imagínate que es la primera vez que la has comido.

Lo primero que notas son sus características físicas — su color, su aroma, su configuración, su textura, su sabor, su aroma, etcétera.

Luego considera todo el esfuerzo que se requirió para que esa comida llegara a tu mesa: el sol, la lluvia, la tierra, el tiempo, las personas que la cosecharon, la procesaron, la empacaron y la transportaron al mercado donde la compraste.

Si es posible, toma un pedazo de la comida con tus dedos y palpa su textura, su temperatura y sus aspectos físicos. Notarás si es blanda, pegajosa o granulosa. Registra cualquier pensamiento, sensación o emoción que te surja en relación con la comida. Sigue respirando conscientemente en el momento presente.

Huele la comida y nota si te trae recuerdos, sensaciones o reacciones pasadas. Antes de echarla a la boca, nota si te gusta su aroma o no.

Conscientemente, coloca la comida en tu boca, revuélvela con la lengua sin masticarla ni tragártela, notando su sabor y la cantidad de saliva que genera, etcétera.

Procede a masticar la comida, notando el sabor y los cambios en la textura hasta que trituras la comida por completo.

Observa las partes de la boca involucradas en el masticar y el sonido y movimientos de la quijada y las partículas de comida que se quedan entre tus dientes. Cuando estés listo, trágate la comida, prestando atención al hecho de que pasa de tu boca a través de tu garganta hasta el estómago.

Y como has masticado la comida por completo, la labor que el estómago tendrá que hacer para triturarla se reduce dramáticamente, lo que ayuda muchísimo en la digestión de los nutrientes.

Ahora toma otro bocado de comida, pero antes de colocarlo en tu boca, nota que esa comida vino de la tierra, que la estás consumiendo, que tu cuerpo está absorbiendo los nutrientes que contiene, que eventualmente sus residuos regresarán a la tierra y que el mismo ciclo comenzará otra vez.

Entrenamiento Autógeno

El entrenamiento autógeno[9] se presta para inducir la sensación de tibieza y gravedad (peso) por todo el cuerpo, lo cual permite una profunda relajación física y mental. (Si es posible, la intervención es practicada utilizando dispositivos de biorretroalimentación. Uno de estos es el Stress Themometer™ que mide la temperatura corporal antes y después de la intervención, ya que cambios en la temperatura reflejan la intensidad de estrés.) En nuestro centro la intervención es utilizada para ayudar al cliente a relajarse, calmar la mente y reducir el nivel de problemas psicológicos o controlar comportamientos adictivos, o sea, aliviar el sufrimiento.

La intervención comienza con las tradicionales profundas inhalaciones y lentas y largas exhalaciones.

El facilitador procede de la siguiente manera:

1. "Permite que tu mente se concentre en tu brazo izquierdo y comienza a notar el efecto de la gravedad sobre el brazo. Nota como el brazo se siente pesado, como si fuera una grapa de papeles ("paper clip") sobre un imán.

2. Imagínate que tu brazo es una bolsa llena de arena tibia y nota esa tibieza desde el hombro hasta la punta de los dedos. Imagínate que estás en una playa acostado sobre arena cálida y siente la tibieza en el brazo. Siente la paz y tranquilidad que te rodea.

3. Haz lo mismo con el brazo derecho y comienza a sentir el peso y la tibieza. Nota como ambos brazos se sienten tibios y siente el efecto de la gravedad sobre los brazos, las manos y los dedos halados hacia abajo, hacia el centro del planeta. Siente la paz y tranquilidad interna.

4. Lleva tu mente hacia la pierna izquierda y como antes, comienza a sentir el efecto de la gravedad y la calentura en el brazo. Siente paz y tranquilidad interna. Imagínate que la pierna pesa tanto que, aunque la quisieras levantar no podrás. Observa como el pie y los dedos del pie parecen ser halados hacia abajo.

5. Igualmente, imagina que la pierna es una bolsa llena de arena tibia y comienza a sentir la tibieza en la pierna izquierda, la pantorrilla, los dedos del pie y como la sangre tibia fluye dentro de la pierna. Siente la paz y tranquilidad interna.

6. Haz lo mismo con la pierna derecha y comienza a observar la tibieza y peso en ambas piernas, nota como el cuerpo completo se siente tibio y pesado, como si estuviera formando una huella en la tierra, encajándose en un molde diseñado específicamente diseñado para tu cuerpo, sosteniendo cada pliegue y curvatura de tu cuerpo. Siente la paz y la tranquilidad interna.

7. Imagínate que con la inhalación el cuerpo se eleva un poco hacia el cielo y que en la exhalación se hunde un poco hacia la superficie de la tierra. Siente la paz y la tranquilidad interna.

8. Procede a concentrarte en el plexo solar, la boca del estómago y observa la tranquilidad y serenidad en esa parte de tu cuerpo.

9. Si se sabe que el cliente está tratando de romper con una adicción, digamos fumar, el facilitador puede sugerir algo como: "Debemos reconocer los efectos nocivos del fumar, el desagradable mal sabor del tabaco en la boca, las asquerosas manchas amarillas en los dedos de las manos, el repulsivo esputo en las mañanas y el mal olor en la ropa y cuerpo, sin mencionar la falta de respiración y la tos, el daño a los pulmones y órganos internos y el daño pasivo a los niños por el humo del tabaco."

10. Se procede a invitar al cliente a concentrarse en el área central del pecho. "Mira a ver si puedes sentir el latido rítmico y lento de tu corazón." Quizás puedas sentir tu pulso en alguna parte de tu cuerpo, digamos, en la punta de los dedos, de la mano o el cuello.

11. El facilitador procede invitando al cliente a llevar la mente hacia el abdomen y notar que el cuerpo está respirando, que el cuerpo simplemente respira por sí mismo, sin tener que hacer nada. Siente la paz y la tranquilidad interna.

12. Para terminar la sesión, el facilitador suena la campana.

Relajación Muscular Progresiva

La relajación muscular progresiva te facilita la relajación muscular mediante un procedimiento de dos pasos. Primero, la persona metódicamente tensa un conjunto de músculos, digamos el cuello y los hombros, y rápidamente suelta la tensión para notar la súbita sensación de relajación.

Luego se tensa otro grupo de músculos, tales como los músculos de los brazos y manos y se suelta la tensión rápidamente para notar el flujo de relajación. Se continúa con todos los grupos musculares del cuerpo hasta que todo el cuerpo ha sido contraído y relajado.

Este ejercicio te ayudará a reducir los niveles de tensión y ansiedad, a aliviar trastornos físicos, tales como los dolores estomacales y de cabeza y a conciliar el sueño.

Advertencia importante: Es difícil apagar un incendio una vez que empieza. Por lo tanto, es importante aprender y practicar la concienciación de forma rutinaria con la finalidad de tener el cerebro acondicionado para enfrentar situaciones estresantes. Además, muchas de las intervenciones detalladas en este libro pueden ser practicadas sin la asistencia de un facilitador y también vale decir que son excelentes para inducir y mantener el sueño. Por lo tanto, para manejar una situación estresante cuando muestra su impertinente cabeza, es mejor estar preparado de antemano para responder apropiadamente en vez de tener que reaccionar inadecuadamente. Aprende a meditar antes de que el estrés, la fibromialgia, la depresión, la ansiedad o la presión arterial comiencen a causarte problemas.

Como Daniel Goleman y Richard Davidson[10] indicaron, el sentarse a meditar conscientemente por diez a veinte minutos al día puede producir resultados positivos que te ayuden a controlar los efectos adversos del estrés.

Programas

Programa de Reducción de Estrés Basada en la Concienciación

Nuestro programa sigue el modelo establecido en el *Center for Mindfulness in Medicine, Health Care and Society* en la Escuela de Medicina de la Universidad de Massachusetts, así como el del *Center for Mind-Body* Medicine establecido por el James Gordon, M.D. en Washington, DC. Es para los que sufren de baja energía, dolores de cabeza, malestares de estómago, incluso diarrea, estreñimiento, dolores, así como tensión muscular, fibromialgia, dolores torácicos, taquicardia, insomnio, frecuentes resfriados, infecciones recurrentes y la pérdida de libido o disfunción sexual.

Programa de Prevención de Recaídas al Comportamiento Adictivo Mediante la Concienciación

El Programa de Prevención de Recaídas al Comportamiento Adictivo Mediante la Concienciación (*Mindfulness-Based Relpase Prevention*)[11] que ofrecemos, está basado en el desarrollado por Sarah Bowen, Neha Chawla, y G. Alan Marlatt en el *Addictive Behaviors Research Center* de la Universidad de Washington. Las metas primordiales de este programa son:

1. Ayudar al cliente a aprender a prestar atención a los detonantes que activan el proceso adictivo y enseñarles a pausar y conscientemente solucionar esta acción automática.

2. Cambiar la relación del cliente con la angustia relacionada con el comportamiento adictivo y enseñarle a reconocer sus retos emocionales y físicos para que puedan responder apropiadamente en vez de reaccionar.

3. Ayudar al cliente a adoptar una actitud de imparcialidad, compasión y aceptación hacia sí mismos y a su pasado.

4. Ayudar al cliente a desarrollar un estilo de vida que apoye la práctica de la concienciación y la recuperación de su adicción.

Las mejores intervenciones

Aunque tradicionalmente hemos seguido el protocolo prescrito por el programa MBSR, los que han acudido a nuestro centro reportan que las siguientes intervenciones (ordenadas numéricamente) les han servido de mayor beneficio:

1. La meditación de la bondad (compasión).

2. La respiración diafragmática (para alivio rápido contra el estrés)

3. El entrenamiento autógeno.

4. La respiración lenta de quince inhalaciones lentas y exhalaciones largas.

5. El escaneo del cuerpo.

Sin embargo, pocos estudios se han llevado a cabo para determinar cuál intervención de concienciación produce los mejores resultados, en términos neurobiológicos, ante un evento estresante. Análogamente con nuestros hallazgos, el estudio reciente de Hirshberg y otros[12], la intervención de amabilidad y la capacitación en agradecimiento son las intervenciones que aplacan los efectos negativos del estrés mucho más que la respiración diafragmática.

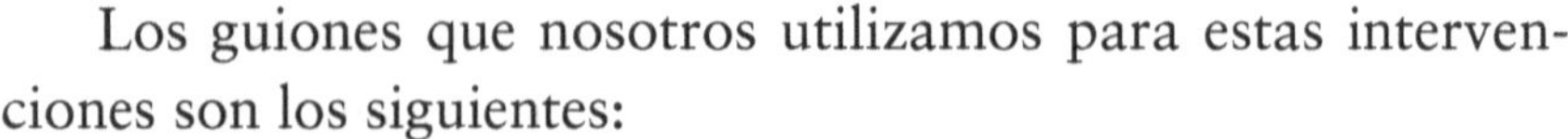

Los guiones que nosotros utilizamos para estas intervenciones son los siguientes:

La Meditación de Amabilidad

Suena la Campana para comenzar la meditación.

1. Para comenzar, puedes sentarte o acostarte cómodamente y relajarte. Confía en tu autoestima como si fueras a hacer algo especial o un experimento nuevo. Simplemente, relájate lo más que puedas. Trata de mantener la columna vertebral erguida sin tensión o demasiado arqueada. Preferiblemente, cierra los ojos. Y comenzamos enviándonos bondad a nosotros mismos. Silenciosamente, repetimos frases tales como, "Que yo esté contento y feliz, colmado de paz y tranquilidad, libre de peligro, que pueda gozar de buena salud física y mental y de buen sentido de bienestar." Repite las frases en silencio, con ritmo y determinación. Es como una dócil sonata que brota de tu corazón. Una frase a la vez con toda tu intención e ímpetu posible.

2. "Que yo esté contento y feliz, colmado de paz y tranquilidad, libre de peligro, que pueda gozar de buena salud física y mental y de buen sentido de bienestar."

3. Si tu atención se desvía, no te preocupes. Es parte de la vida normal que la mente divague. Simplemente, registra el hecho de que la mente ha deambulado hacia el pasado o el futuro y comienza de nuevo.

4. Es muy natural que sentimientos, pensamientos o memorias divaguen por la mente. Déjalos entrar, obsérvalos y despídelos. El éxito de esta intervención depende de seguir repitiendo las frases: "Que yo esté contento y feliz, colmado de paz y tranquilidad, libre de peligro, que pueda gozar de buena salud física y mental y de buen sentido de bienestar."

5. Y cuando estés listo, trae a la mente la imagen de una persona que te ha ayudado. Una persona que te quiere o que ha sido bondadosa contigo. O quizás nunca has conocido a la persona, pero piensa en un personaje que te ha inspirado. Si se te presenta dicha persona, invítala a habitar tu mente. Imagínate un retrato de la persona. Repite su nombre. En tu mente, palpa su presencia y extiéndele las frases de amabilidad: "Que estés contento y feliz, colmado de paz y tranquilidad, exento de peligro, que goces de buena salud física y mental y de buen sentido de bienestar."

6. Quizás la persona o entidad es un adulto, un niño o hasta una mascota. Alguien que, cuando piensas en él o en ellos, te hace sonreír. Cuando identifiques a esa persona o personaje, comienza a extenderle las frases de bondad. "Que estés contento y feliz, colmado de paz y tranquilidad, exento de peligro, que goces de buena salud física y mental y de buen sentido de bienestar."

7. Aunque las palabras no encajen con tu personalidad, no importa, cámbialas. Utiliza frases que te gusten… que concuerden con tu temperamento… con lo que sientes actualmente. Las frases son conductos a tu corazón, ya sean éstas o las tuyas. Son vehículos para la conexión con la persona a la que le extiendes la bondad. "Que estés contento y feliz, colmado de paz y tranquilidad, exento de peligro, que goces de buena salud física y mental y de buen sentido de bienestar."

8. Ahora piensa en alguien que está sufriendo o que está atravesando momentos difíciles. Imagínate un retrato de la persona. Repite su nombre. En tu mente, palpa su presencia y extiéndele las frases de bondad: "Que estés contento y feliz, colmado de paz y tranquilidad, exento de peligro, que goces de buena salud física y mental y de buen sentido de bienestar."

9. Y si tu atención divaga, no te desanimes. Sutil pero firmemente regrésala a las frases. Una frase a la vez.

10. Ahora, piensa en una persona o personaje con quien inesperadamente te encuentras. Puede ser un vecino o alguna persona que ves ocasionalmente mientras paseas a tu perro. Quizás ni hasta su nombre conoces. Pero reconoces a la persona y percibes su presencia. Tal vez no sepas nada de la persona. No estás al tanto de sus antecedentes. Pero sí sabes que esta persona desea ser feliz, igual que nosotros. Es vulnerable al sufrimiento y pérdida de seres queridos, igual que nosotros. Por lo tanto, le extendemos todo tipo de bondad. "Que estés contento y feliz, colmado de paz y tranquilidad, exento de peligro, que goces de buena salud física y mental y de buen sentido de bienestar."

11. Y, para terminar, le extiendes tus buenos deseos, tu fuerza de amorosa bondad a todos los seres vivientes, a todas las personas y criaturas que ocupan nuestro planeta, a todos los entes de la naturaleza, a todos los conocidos y desconocidos, así como a los que viven cerca y lejos de nosotros. "Que todos los seres de nuestro planeta estén contentos y felices, colmados de paz y tranquilidad, exentos de peligro, que gocen de buena salud física y mental y de buen sentido de bienestar."

    La campana suena para terminar la meditación
    Cuando estés listo, puedes abrir los ojos.

    Al cursar tu día, al encontrarte con diversas personas, trata de pararte a conversar. Mira si sinceramente puedes prestarles atención y aprender algo nuevo de cada persona. Si te topas con un desconocido, digamos el cajero o cajera del supermercado, trata de prestarle atención. Extiéndele una expresión de bondad y gentileza, tal y como a ti mismo te gustaría.

Intervención de Concienciación sobre la Respiración

Suena la Campana para comenzar la meditación.

1. Para comenzar, puedes sentarte o acostarte cómodamente y relajarte. Confía en tu autoestima como si fueras a hacer algo especial o un experimento nuevo. Simplemente, relájate lo más que puedas. Trata de mantener la columna vertebral erguida sin tensión o demasiado arqueada. Cierra los ojos. Deliberadamente respira profundamente tres o cuatro veces. Siente el aire entrar por las fosas nasales, inundar el tórax y el abdomen y luego salir. Simplemente presta atención a la respiración sin tratar de cambiarla o mejorarla.

2. ¿Dónde sientes tu respiración más intensamente? ¿Quizás es en la entrada del aire a través de las fosas nasales? ¿O es en la entrada y salida del aire en el tórax y el abdomen? Busca un lugar dónde puedas concentrarte y sólo reposar. Presta atención someramente, como una mariposa cuando reposa sobre una flor. Y presta atención a una sola inhalación y exhalación. Sin fascinación o interés alguno en lo que ha sucedido. Sin inclinarte hacia el frente respira una vez más. Una sola inhalación y exhalación.

3. Presta plena atención a la respiración. Si te estás concentrando en las fosas nasales, ¿sientes cosquilleo, vibración, tibieza, frío? Si te estás concentrando en el abdomen o el tórax quizás sientas el movimiento, la presión, el estiramiento y la desinflación. No necesitas nombrar las sensaciones, simplemente siéntelas.

4. Sencillamente, presta plena atención a las sensaciones corporales de tu respiración natural. Una inhalación y exhalación seguida por otra y por otra.

5. Para ayudarte a concentrarte en la respiración puedes experimentar diciendo "suave" al inhalar y "vientre" al exhalar.

Pero muy sutilmente, para que puedas mantener la mente en las sensaciones corporales del mecanismo respiratorio.

6. Si pensamientos, imágenes, emociones o sensaciones surgieran y desviaran tu mente hacia el pasado o el futuro, simplemente permite que se disuelvan… que desaparezcan. Déjalos que vengan y despídelos. Dile que estás tomándote unas muy merecidas vacaciones contra el tener que pensar. Dilo sin perseguirlos, retenerlos o expulsarlos.

7. Pero si algo surge que es tan intenso que te distrae, si te quedas dormido o te pierdes en el océano de pensamientos, no te preocupes. Es el momento en el que reconocemos que nuestra atención ha desviado hacia el pasado o el futuro — el momento mágico del ejercicio. Es el momento que nos permite enfrentar la posibilidad de poder cambiar. En vez de juzgarnos, denigrarnos y castigarnos, podemos extendernos cariño y gentileza. Simplemente, déjalo pasar, abandónalo. Mira si puedes comenzar de nuevo.

8. Cuando tu mente comienza a divagar, regrésala a las sensaciones corporales de la inhalación y exhalación.

9. Y si tienes que volver a abandonar los pensamientos, abandónalos una y otra vez, no importa. Esa es la manera de practicar este ejercicio. No tienes que enfadarte si tu mente ha deambulado hacia el pasado o el futuro. No tienes que analizar el contenido de tus pensamientos. Sólo reconoce que tu mente ha sido invadida por un pensamiento, abandónalo y regresa la mente a tu respiración.

10. Si te encuentras distraído por un ineludible torrente de pensamientos, considéralo como un flujo de nubes que atraviesan el ancho cielo. Las nubes en el cielo no son el cielo y en realidad, ninguna es capaz de cambiar el cielo. Análogamente, los pensamientos en la mente no son la mente y en realidad, ninguno de ellos es capaz de

cambiar la mente. No importa cuántos surjan. ¡Sean lo que sean! En vez de aferrarte a un pensamiento, simplemente permite que fluya por el aire como una nube que flota en el cielo.

11. Si te da sueño, ajusta tu postura en la silla. O si has cerrado los ojos, ábrelos. También puedes tomar varias inhalaciones profundas para intentar mantenerte despierto, luego volver a respirar naturalmente.

12. No necesitas controlar la respiración o respirar de diferente manera. Simplemente obsérvala. Observa el comienzo y la terminación de la inhalación. Siguiendo con la observación del comienzo y la terminación de la exhalación.

13. Si ves que te has distraído o que te has dormido, no te castigues diciéndote que eres vago o indisciplinado. No te rindas ni te frustres. Sigue practicando, comenzando de nuevo si es necesario.

La campana suena para terminar la meditación.

Cuando estés listo, puedes abrir los ojos.

Al terminar esta meditación, refleja en el hecho de que puedes utilizar este tipo de concentración para apreciar más la presencia, la calma, la observación, la voluntad de volver a comenzar de nuevo, la gentileza y el perdón para proceder a aprender cosas nuevas. Todo esto lo puedes practicar en tu hogar, en tu trabajo, con amigos y hasta con desconocidos, para aliviar el sufrimiento cotidiano que impide nuestro bienestar.

Intervención de Agradecimiento

En nuestras vidas contamos con muchas cosas, grandes y pequeñas, por las cuales debemos sentirnos profundamente agradecidos. Piensa en el ayer, la semana pasada, el año pasado, la trayectoria entera de tu vida y escribe todas las cosas, grandes y pequeñas, las cuales agradeces profundamente. Toma cinco minutos para escribir tu lista, pensando detenida y profundamente en aquellas cosas por las cuales te sientes agradecido. ¿Qué te viene a la mente?

Continúa escribiendo y al finalizar los cinco minutos, recibirás otras instrucciones.

Siéntate cómodamente y relájate. Preferiblemente, y si gustas, cierra los ojos. Piensa en una persona, evento o experiencia relacionada con uno de los agradecimientos en tu lista. Intenta recordar la experiencia o evento y trata de sentir, en este momento, el mismo agradecimiento relacionado con esa experiencia o evento. En realidad, la clave es estar completamente abierto a permitir el acceso a la amplia gama de agradecimiento por lo que está escrito en tu lista.

Cuando estés listo, trae a la mente la imagen de una persona que te ha ayudado. Recuerda el agradecimiento en tu lista. Imagínate a la persona junto con el evento y el agradecimiento. Intenta sentir esa misma emoción de sincero agradecimiento.

Refleja en todas las cosas de la vida por las cuales te sientes profundamente conmovido y agradecido. Conecta con el sincero y cordial sentido de agradecimiento. ¿Puedes pensar en otra situación o evento en particular relacionado con puro agradecimiento? Refleja en los detalles y las personas involucradas en esa situación. Diseña una imagen del evento en tu memoria. Intenta identificarte con las emociones de agradecimiento relacionadas con las personas, situación o evento.

Concéntrate en una experiencia en particular que inspiró agradecimiento, admiración o aprecio. Refleja en los detalles y las personas involucradas en esa situación. Diseña una imagen del evento en tu memoria.

La campana suena para terminar la meditación.

Cuando estés listo, puedes abrir los ojos.

Piensa en tu lista de agradecimientos y todas las cosas por las cuales te sientes profundamente agradecido. Intenta concentrarte en un evento o experiencia que te hizo sentir de la manera que te sientes. O repasa la lista, tratando de recordar todos los eventos.

Después de terminar estas intervenciones, no olvides que puedes integrar estos sentimientos de agradecimiento a cualquier actividad de concienciación. Puedes hacerlas en tu hogar, trabajo, con amigos o hasta con desconocidos.

Intervención de Control de Atención

Suena la campana para comenzar la intervención.

El ambiente en que vivimos suele ser muy importante para nosotros. ¿Dónde vives? Piensa en tu hogar. Si te has mudado recientemente y no has vivido en el mismo lugar durante los últimos seis meses, piensa en el lugar donde viviste más de seis meses, el lugar que considerabas tu hogar. Para visualizar este lugar, en tu mente dibuja un cuadro detallado, y escribe una descripción detallada del lugar. Comienza en la entrada y procede lentamente por toda la casa o edificio hasta que llegues a tu dormitorio. Si deseas, procede a través de toda la casa. Tienes cinco minutos para completar tu descripción. Al terminar los cinco minutos, recibirás otras instrucciones.

Termina tu lista. Reflexiona sobre lo que has escrito.

Suena la campana.

Siéntate cómodamente y relájate. Preferiblemente y si lo deseas, cierra los ojos. O si prefieres, puedes mirar la descripción de tu casa. Piensa en un lugar en tu casa que describiste detalladamente. Trata de visualizar ese lugar, imagínate parado allí, captando todos los detalles posibles — el color de las paredes, los muebles, las ventanas, el alumbrado, cualquier cosa que recuerdes. Imagínate estar en ese lugar en tu casa, tal como si estuvieras ahí es este mismo momento.

Y ahora puedes mover la mente a otra habitación. Recuerda los detalles en tu descripción. Visualízalos detalladamente. Imagínate que estás viviendo en ese ambiente.

Imagínate sentado en tu cuarto favorito, en el espacio favorito de tu hogar. Siéntate en ese lugar y disfrútalo. Diseña una imagen del lugar en tu memoria. Intenta retener por un rato la emoción de estar en ese sitio favorito de tu hogar.

Repasa la descripción de tu hogar e imagínate que estás allí. Si prefieres, pasa a otro sitio que te gusta de tu hogar.

O simplemente, imagínate que estás caminando dentro de tu hogar. Vuelve a vivir la experiencia de caminar dentro de tu hogar.

Visualiza los diferentes espacios de tu hogar. Piensa que estás ahí y en tu mente forma una imagen de los alrededores, los detalles y las emociones relacionadas con el lugar.

Cuando estés listo, abre los ojos.

Después de terminar esta intervención, no olvides que puedes integrar estos sentimientos y experiencias con cualquier actividad de concienciación. Son actividades que puedes practicar en tu trabajo, con amigos o hasta con desconocidos.

Nuestra Meta

La meta principal de nuestro centro es aplacar el sufrimiento cotidiano de la siguiente manera:

1. Ayudar al que ha sido abusado, traumatizado y el que está intentando superar un comportamiento adictivo, a desarrollar la atención necesaria para pausar y

conscientemente procesar y entender lo que está ocurriendo según evoluciona de momento a momento.

2. Modificar la relación del adicto con la incomodidad asociada con el comportamiento adictivo, enseñándole cómo reconocer las sensaciones emocionales y físicas y poder responder apropiadamente en vez de reaccionar, reconociendo que, "La resistencia provoca la persistencia y que la concienciación induce la sanación".

3. Apoyar a la persona traumatizada a aceptar y reconocer la magnitud del evento traumático, y hacer que cobre sentido dentro del marco de una vida coherente que reconoce que los eventos del pasado no tienen que interferir con la felicidad cotidiana del presente. Recordando que "La resistencia provoca persistencia y la concienciación induce sanación".

4. Dar la mano al traumatizado para que aprenda a cargar el recuerdo del evento traumático y los síntomas que suscita, de manera que no genere nuevos resultados opresivos, y que conscientemente reconozca que una experiencia traumática pasada que persiste en la memoria no tiene que volver a lastimar. Es decir, una vez más, "La resistencia provoca la persistencia. La concienciación induce la sanación."

   Dentro del contexto de la concienciación surgen dos temas: (1) la aceptación del trauma y (2) vivir una vida valiosa, aunque sigan en la memoria experiencias relacionadas con el trauma), los cuales son íntimamente relacionados y frecuentemente indistinguibles.

5. Ayudar al adicto, así como a la persona que ha sido abusada y traumatizada a vivir sin juzgarse ni condenarse, sino con comprensión, compasión y resignación. Es decir, ayudarles a desarrollar la concienciación.

Un Reto

Ahora, permíteme plantearte este reto. A menos que sufras de aqueiropodia (naciste sin manos) o te hayan amputado las manos, te invito a considerar la anatomía de tus manos, o sea, tus dedos, articulaciones, uñas, vasos sanguíneos y nervios que se entrecruzan en tus manos, las diversas maneras en que puedes manipularlas para hacer lo que tengas que hacer lo más eficientemente posible.

Ahora, considera una tarea sencilla que realizaste previamente durante el día, como cepillarte los dientes, usar un tenedor para alimentarte o girar el volante de tu automóvil. Piensa en lo difícil o imposible que esa sencilla tarea hubiera sido sin el uso de tus manos.

Reflexiona en el *misterio* y *milagro* de tus manos.

Conclusión

Independientemente de la forma de meditación que optes por practicar, una vez que la integres a tu vida cotidiana, verás que mejorará tu concentración, tu autoconciencia y tu autoaceptación. Vas a desacelerar el proceso de envejecimiento, a optimizar el sistema cardiovascular e inmunitario y, sobre todo, vas a comprender mejor tu razón de existir. Así aprenderás a vivir una vida con menos sufrimiento.

La clave de la concienciación es la aceptación… simplemente observar la vida, evolucionar de momento a momento y reconocer que todo es transitorio, como en el poema "Aguas del riachuelo".

Aguas del Riachuelo[13]

Veis las aguas
del serpentino riachuelo,
tan desinteresadas
en su engendrante manantial.

Veis cómo se resignan
a las impetuosas interrupciones
de peldaños y torsiones
que enfrontan.

Cada ondulación discordante
con la precedente… con la venidera.

Veis cómo corren despampanantemente
saboreando cada travesía de su extática
peregrinación…hacia riberas desconocidas.

5

MÁS SOBRE LA PRÁCTICA DE YOGA

El yoga proporciona tantos beneficios físicos y psicológicos que toda persona que pueda debería practicarlo, aunque sea sentada o acostada, e incorporarlo como parte de su vida cotidiana.

Los potenciales beneficios del yoga incluyen:
- Reducción de estrés — atribuible a la reducción de los niveles de cortisol, epinefrina y norepinefrina
- Optimización de la resistencia y fuerza física.
- Mayor autorreflexión y conocimiento de uno mismo. El desarrollo de hábitos más saludables de ejercicio y alimentación.
- Optimizada autoconfianza y autoimagen.
- Alivio del dolor — por el incremento en los niveles de betaendorfinas.
- Mejor sueño. Incrementos en los niveles de energía.
- Reducción de la fatiga.
- Sanación emocional.
- Mejoramiento general del estado de salud y bienestar.

Aun así, antes de comenzar un régimen de yoga deberías considerar lo siguiente:

- ¿Estás buscando una actividad para desarrollar fuerza y flexibilidad o simplemente tiempo para relajarte?
- ¿Estás buscando una actividad para ganar acceso a la esencia divina en tu interior?
- ¿Tu médico te ha recomendado el yoga para ayudarte a lidiar con algún dolor crónico que no responde a medicamento o a alguna otra condición física?
- ¿Algún profesional de salud mental te ha sugerido el yoga para ayudarte con algún trastorno psicológico?
- ¿Eres veterano de guerra y estás padeciendo de arrebatos de furia y reviviscencia ("flashbacks") de eventos que presenciaste durante episodios de combate?
- ¿Eres sobreviviente de un ataque terrorista o estás lidiando con estrés adicional atribuible a algún evento, tal como la pérdida de un ser querido, un dolor o una lesión, una catástrofe de la naturaleza (tal como una inundación o huracán) o la pérdida de tu hogar o trabajo?
- ¿Estás teniendo problemas con tu pareja, con el sueño, entumecimiento en ciertas partes de tu cuerpo o pérdida de confianza en ti mismo y otros debido a experiencias de abandono o abuso durante la niñez, abuso doméstico, tráfico de seres humanos, haber sido prisionero de guerra, vivido en una zona afectada por guerra o haber sido uno de los primeros interventores?
- ¿Te mueves y das vueltas sin parar durante toda la noche, soñando pesadillas y despertándote, sintiéndote extenuado?
- ¿Estás batallando con una adicción que afecta tu calidad de vida y la de tus seres queridos?
- ¿Y qué tal tu edad, movilidad, amplitud de movimiento y nivel de estado físico personal?

Si eres novato, quizás te convenga tomar unas clases privadas para aprender las técnicas y medidas de seguridad del yoga antes de saltar con ambos pies a tomar clases grupales. Probablemente, al principio sentirás algunas molestias al ejercitar músculos nuevos o realizar movimientos extraños. Por lo tanto, tómalo suave al comienzo, sin someterte a clases largas o rigurosas.

Las personas de edad avanzada quizás necesiten practicar con más frecuencia que los jóvenes y las personas más activas para mantenerse más flexibles y saludables. Para ellos es mejor comenzar con clases suaves que se adapten a su nivel de habilidad, tal como el yoga en silla, en lugar de las de alto impacto. Este también puede ser el mejor plan para las personas que están recuperándose de lesiones, intervenciones quirúrgicas, y otras condiciones médicas.

Si sufres de trauma emocional o intentas recuperarte de una adicción, existe mucha evidencia que refuerza el hecho de que el yoga ayuda a aliviar los síntomas de estas condiciones. Sobre todo, para veteranos.[1]

Los que están batallando con trastornos psicológicos probablemente se beneficiarán del yoga, practicándolo diariamente con un maestro que enseñe el yoga de concienciación para aliviar los niveles de estrés, depresión y ansiedad.

Este es el testimonio de un cliente que, de chico, fue repetidamente abusado sexualmente por su tío.

> *"...las clases de yoga de concienciación, así como las otras intervenciones que aprendí en su centro y los CDs que me proporcionó, me han ayudado a percibir la alegría y paz disponible en el ahora y que lo que mi tío me hizo ocurrió en el pasado y no tiene que interferir con mi poder gozar hoy de una vida valiosa y feliz. He aprendido a borrar de la memoria todo lo que me pasó... y*

aceptar, como usted dice, sin juzgar y con compasión a mí mismo y a otros. Se me han quitado las pesadillas y cuando percibo un "flashback", inmediatamente reconozco lo que está sucediendo, es como usted me ha dicho, 'es la mera activación de un cúmulo de neuronas en mi cerebro' que me traslada al pasado.
En cuanto reconozco lo que está sucediendo, cancelo todo lo que pasa por mi mente y me concentro en el 'ahora'".
– SP

Yoga y el Trastorno de Estrés Postraumático

Los hallazgos recientes de Daniel Mintie y Julie Staples demuestran que el yoga, específicamente el yoga de concienciación y los estilos que se concentran en la respiración, pueden revertir muchos de los cambios nocivos en el cerebro y el cuerpo relacionados con eventos traumáticos.[2]

Las áreas específicas del cerebro implicadas en TEPT que cambian con la práctica del yoga son la amígdala, el hipocampo y el córtex del cíngulo anterior.

La Amígdala

La amígdala, o mejor dicho amígdalas porque son dos, es un par de estructuras con forma de almendras involucradas en el procesamiento de memorias emocionales, acondicionamiento del miedo e hipervigilancia, lo cual se correlaciona con los síntomas de "hiperactivación".

La función de la izquierda es algo diferente de la derecha. La amígdala izquierda está involucrada en el procesamiento detallado de aquellas emociones implicadas en el proceso de pensar.

La amígdala derecha procesa emociones de manera automática.[3] Muestra más actividad en los pacientes que sufren de TEPT.[4]

El programa de Reducción de Estrés Basada en la Concienciación y evocación del mantra "Ohm", reduce la actividad de las amígdalas, por lo que alivian los síntomas del TEPT. Similarmente, los clientes que han tomado el programa MBSR en nuestro centro, reportan que el programa les ha ayudado a calmar los síntomas del TEPT.

El Hipocampo

El hipocampo (nombrado así por su semejanza al caballito de mar, derivado de la palabra griega para "caballito de mar"), es una de las principales estructuras del cerebro.

El cerebro contiene dos hipocampos, uno en cada hemisferio del cerebro. El hipocampo es parte del sistema límbico y juega un papel importante en la consolidación de información derivada de la memoria a corto plazo hasta largo plazo, así como memoria espacial que nos ayuda con el sentido de dirección y navegación (radiogoniometría).

Conforme a los hallazgos de Mintie y Daniel (2018), el tamaño del hipocampo suele reducirse en los pacientes que sufren de TEPT.

El yoga, la meditación y la terapia cognitiva del comportamiento, todos ayudan a aumentar el volumen del hipocampo y a veces muy rápidamente. Por ejemplo, los hallazgos por Gotink y otros sobre la meditación de concienciación (y por inferencia, yoga) en veteranos traumatizados, demostraron incrementos significativos en el volumen del hipocampo después de solamente ocho semanas.[5] Dichas intervenciones alivian los síntomas de TEPT, lo mismo que hemos observado en nuestro centro.

El Córtex del Cíngulo Anterior

El córtex del cíngulo anterior (CCA) es la parte frontal del córtex del cíngulo cerebral, la cual se parece a un "collar" rodeando la parte frontal del cuerpo calloso.

El CCA normaliza las emociones y la reacción al estrés. Tiene que ver con la inhibición del comportamiento y el acondicionamiento de la desconfianza. También está involucrado en ciertas funciones de alto grado, tales como asignación de atención, anticipación de recompensa, toma de decisiones, ética y moralidad, control de impulso (por ejemplo, monitoreo de desempeño y detección de errores) y emociones.[6]

En términos de TEPT, los hallazgos de Shin y sus colaboradores[7], utilizando fMIRI manifestaron que en veteranos de Vietnam que padecían de TEPT, tanto el tamaño como la actividad del CCA disminuyeron. Asombrosamente, cuando los niveles de ansiedad son reducidos por medio de las intervenciones de concienciación como, por ejemplo, el yoga, el tamaño del CCA en los veteranos que sufren de TEPT aumenta con la práctica, pero la intensidad de los síntomas disminuye.

Similarmente, nuestros clientes reportan alivio de los síntomas del TEPT en pocas semanas como resultado de practicar las intervenciones de concienciación.

TEPT y Niveles de Ácido Gama Aminobutírico (AGAB)

Otro hallazgo importante es que el yoga aumenta los niveles del AGAB en el cerebro. AGAB es el neurotransmisor inhibidor principal que induce el efecto de paz y tranquilidad en el cuerpo humano, primordialmente debido a la reducción de las reacciones eléctricas en las células nerviosas.

Los hallazgos de Dieter y sus colaboradores comprueban que los niveles de AGAB son bajos en la sangre y el cerebro de los pacientes que sufren de TEPT.8 En otro estudio, la práctica de una hora de yoga resultó en un aumento en los niveles de AGAB del 27 por ciento en comparación con el grupo de control.[9]

Yoga y el Factor de Crecimiento Nervioso (FCN)

En 1986, Rita Levi-Montalcini, M.D., que vivió hasta los 103 años, fue premiada con el Premio Nobel en Fisiología y Medicina por su descubrimiento del Factor de Crecimiento Nervioso (FCN).[10] El FCN es un factor neuropéptido neurotrófico primordialmente implicado en la regulación del crecimiento, mantenimiento, proliferación y sobrevivencia de ciertas neuronas dianas. Probablemente es el primer factor de crecimiento prototípico descubierto.

Por muchos años, las modalidades de tratamiento no-farmacológicas, tales como la meditación y el yoga, han sido aplicadas como modalidades alternas al tratamiento de condiciones psicológicas, incluso la respiración yóguica. La respiración yóguica (conocida en sánscrito como *Pranayama*) es un compendio de técnicas destinadas a la regulación de la respiración voluntaria. En la actualidad es bien conocido que la respiración yóguica regulariza el sistema nervioso parasimpático, activando el nervio vago y controlando, rápidamente, los niveles de estrés, inflamación y metabolismo.

También es conocido que la saliva es una magnífica fuente del FCN e incidentalmente, el yoga provoca la producción de saliva. En este estudio en particular se observó que la respiración yóguica incrementa los niveles del FCN.[11]

Yoga y el Aumento en el Número de Telómeros

Los telómeros son secuencias de ADN en los extremos de los cromosomas que los protegen contra su deterioro o fusión con los vecinos.

El teorista ruso, Alexei Olovnikov, fue el primero en descubrir que los cromosomas no pueden replicar por completo sus extremidades. Basándose en este hallazgo, Olovnikov sugirió que las secuencias de ADN pierden ciertos segmentos al replicarse, hasta llegar a cierto nivel crítico, en el punto donde termina la división celular.[12]

Con la edad, el tamaño de nuestros telómeros disminuye. Los telómeros acortados han sido relacionados con varias enfermedades, tales como la diabetes, los trastornos cardiacos y el cáncer. La reducción en el tamaño de los telómeros es atribuible, probablemente, a un incremento en la actividad del sistema nervioso, a las inflamaciones, la oxidación y la secreción de ciertas hormonas del estrés. La evidencia emergente sugiere que la reducción en el tamaño de los telómeros ocurre en pacientes que sufren del TEPT y que el yoga ayuda en aumentar su número.[13]

El Yoga y la Adicción

Se ha demostrado que la práctica habitual del yoga reduce la ansiedad y los antojos relacionados con la adicción, reduciendo la actividad del sistema nervioso simpático y activando el sistema nervioso parasimpático.[14]

Además, la práctica habitual del yoga y la meditación induce la secreción de los neurotransmisores que modulan trastornos psicológicos, tales como la ansiedad, por lo tanto, permiten que aquéllos en proceso de recuperación reduzcan el riesgo de una recaída depresiva.

La Importancia de la Práctica Habitual

Como con todo tipo de ejercicio, mientras más practicas las intervenciones de concienciación y el yoga, más beneficios lograrás. No es decir que tienes que practicar las intervenciones formalmente todos los días, pero por lo menos, debes tratar de integrarlas en tu vida cotidiana. El yoga debe ser algo que te gusta y anhelas y no una tarea que detestas. La clave es encontrar un programa que concuerde con tu agenda cotidiana. Lo bueno es que toda persona puede practicar el yoga, a pesar de su nivel de condición física o tiempo disponible. La práctica puede incluir el yoga en silla y aprovechar sus beneficios.

Considera tu Agenda Cotidiana

Tal vez quisieras practicar todos los días, pero se te haría difícil acomodarlo en tu agenda cotidiana. Si se te hace difícil sacar tiempo para ir a clase, puedes practicarlo en tu casa e ir a clase cuando puedas.

Si no puedes programar unos sesenta o noventa minutos para una sesión de yoga, con que practiques unos diez minutos al día te brindará muchos beneficios. Lo importante es que no generes más estrés a tu vida cotidiana tratando de sacar tiempo para clases de yoga. La clave es ser consistente y no caer en la trampa de dejar pasar semanas o hasta meses sin practicar. Descubrirás que es difícil readquirir la resistencia y la estabilidad mental y corporal si has dejado de practicarlo por cierto tiempo.

Algunas personas prefieren una agenda estricta de practicar el yoga a la misma hora durante los mismos días. Otras encuentran que esto es demasiado estresante y prefieren la espontaneidad de combinar su yoga con otros tipos de ejercicio. Quizás tengas tiempo para practicar todos los días en una semana en particular y tomar unos días de descanso durante la siguiente semana. Nunca te sientas decepcionado si no puedes cumplir con la agenda que has planificado. Lo importante es integrar la práctica a tu agenda cotidiana, conforme a tus necesidades y obligaciones.

En el asunto de identificar tu frecuencia ideal, todo depende de tus deseos y necesidades individuales. Como todo en la vida, lo que cuenta es la calidad y no la cantidad. Asegúrate de practicarlo correctamente y con cuidado, de manera que es recomendable que comiences con una clase para principiantes que te enseñe las posturas básicas y los estilos de yoga que te brinden los beneficios que deseas.

El yoga tiene que ser una actividad agradable. Si no lo es o si es demasiado estresante, probablemente debes tomar las cosas suaves hasta alcanzar el nivel en que te sientas más cómodo o considerar otro estilo más suave de yoga. Jamás te compares con otro yogui, ya que la destreza, flexibilidad y capacidad de cada persona es diferente.

Conclusión

Sea cual sea tu motivo para practicar el yoga, lo importante es que te has encaminado a recibir una cornucopia de beneficios:

- Calma, estabilidad, esperanza y equilibrio optimizados.
- Mayor control de tus patrones de pensamiento y tu claridad mental.
- Más confianza, autoestima, motivación, determinación y resistencia.

En cuanto a los cambios cerebrales, el yoga alivia los síntomas relacionados con el trauma, el abuso, de aquellos que observan comportamientos adictivos mediante:

- Una reducción en la actividad y volumen de las células en las amígdalas, las cuales modulan las emociones, los instintos de sobrevivencia y la memoria.
- Incremento en el grosor cortical del hipocampo, el cual modula el aprendizaje y la memoria, y de cierta manera juega un papel importante en la normalización de las emociones y el procesamiento autorreferencial.
- Incremento en el grosor y actividad del córtex del cíngulo anterior, el cual modula funciones ejecutivas.

6

YOGA PARA EL ATLETA

Aunque es bien conocido que los atletas acuden al gimnasio para incrementar y mantener su musculatura, muchos también están practicando el yoga para elevar su rendimiento atlético a otro nivel. Tanto los atletas profesionales como los aficionados han aprovechado al máximo los beneficios de yoga para incrementar sus destrezas atléticas, su salud mental y su concentración.

Los equipos profesionales de baloncesto y fútbol han comenzado a emplear a instructores de yoga para sus atletas. Atletas como LeBron James y Shaquille O'Neal y otros equipos, tales como los Philadelphia Eagles y el equipo de rugby de Nueva Zelandia, All Blacks, han utilizado el yoga como parte de su entrenamiento.

Veamos cómo el yoga puede ayudar a los atletas.

Beneficios Físicos del Yoga para los Atletas

Resistencia

Los atletas que necesitan mucha resistencia, tales como los corredores de maratones, notarán incrementos dramáticos en su energía y tenacidad.

El yoga no solamente incrementa la capacidad respiratoria, sino que también optimiza la circulación y eficiencia de movimiento. El yoga también ayuda al atleta a mantener un ritmo de movimiento más eficiente.

Flexibilidad

La mayoría de los atletas utiliza el yoga como ejercicio de flexibilidad para incrementar el alcance de su movimiento. Este incremento en flexibilidad no sólo optimiza el rendimiento atlético, sino que también ayuda a prevenir lesiones deportivas. Los jugadores de tenis y los golfistas en particular se benefician mucho de esta flexibilidad incrementada. Las diferentes posturas del yoga son utilizadas para estirar ciertos grupos de músculos y al incorporar diversas posturas, el atleta puede mejorar el desarrollo general de su alcance de movimiento.

Equilibrio

El yoga también optimiza el equilibrio del cuerpo, lo cual ayuda con la capacitación y el rendimiento deportivo. El equilibrio apropiado permite que el atleta mantenga su columna en posición recta, lo cual resulta en la coordinación apropiada para el rendimiento deportivo óptimo. Cuando el atleta no puede mantener el equilibrio apropiado, su resistencia y su energía se reducen sustancialmente.

CAPÍTULO SEIS

El yoga refuerza los músculos del torso, los cuales no son tonificados normalmente en los gimnasios por los típicos ejercicios de acondicionamiento físico.

Recuperación

Los atletas involucrados en programas de entrenamiento intenso o en deportes agotadores pueden beneficiarse de una sesión de yoga restaurativo, un estilo destinado a calmar el sistema nervioso central. Este estilo de yoga permite que el cuerpo descanse entre sesiones de entrenamiento intenso, permitiéndole adaptarse al estrés generado en dichas sesiones. El yoga restaurativo mantiene el movimiento de los músculos y el flujo sanguíneo, lo cual reduce las inflamaciones y estimula la reparación del tejido muscular.

Beneficios Mentales del Yoga para Atletas

Concentración

El atleta necesita mantener tanto su resistencia corporal como su agudeza mental. El yoga es la práctica perfecta para optimizar la agudeza mental para que el atleta pueda aprovechar todo su potencial. La meditación y respiración practicadas durante las sesiones de yoga permiten que el atleta aprenda a calmar la mente y a resistir las distracciones. Esto suele ser extremadamente beneficioso cuando el atleta tiene que jugar ante una audiencia grande o cuando tiene que regirse por un plan de juego estricto. La concentración le permite al atleta utilizar su fuerza y resistencia más eficientemente.

Cuando el atleta se siente estresado, el estrés lanza el cuerpo entero a un estado de caos, desencadenando dolores de cabeza, tensión muscular, trastornos estomacales y desequilibrio hormonal. Cuando el estrés afecta la salud del atleta, su juego sufre. El yoga es una de las mejores prácticas para enseñar al atleta a manejar su estrés y su ansiedad, lo cual le ayudará a jugar mejor y concentrarse en su desempeño.

7

LA INTEGRACIÓN DE LA CONCIENCIACIÓN EN NUESTRAS VIDAS COTIDIANAS

ATENCIÓN, ACTITUD E INTENCIÓN

Vivimos en un mundo frenético y repleto de tensión donde nos preocupamos todo el tiempo sobre el pasado o el futuro.

¡Bienaventurado es el que está consciente de lo que está sucediendo en este mismo momento!

Nos pasamos siempre luchando para mantener el ritmo de la vida cotidiana, contestando correos electrónicos, buscando nuevos trabajos, hablando por teléfono, asistiendo a reuniones... Sólo hacemos una breve pausa para tomarnos dos ibuprofenos.

¿Quién tiene tiempo para sentarse por un solo minuto para concientizar, para entrenar la mente y cambiar el cerebro, para disminuir los niveles de estrés y calmar la mente?[1] Es como decir, "Necesito echarle gasolina a mi carro para ir a trabajar, pero no tengo tiempo".

¿Ah sí?

Entonces, si no tienes tiempo para sentarte o acostarte por un minuto a meditar, ¿cómo es posible que incorpores la práctica de concienciación a tu vida cotidiana? La clave es entender que son muchos los métodos para prestar plena atención o de incorporar *atención*, *actitud* e *intención* a tu vida cotidiana.

Exploremos la amplia gama de actividades cotidianas que podemos utilizar para detenernos y tomar el tiempo para mejorar nuestro bienestar.

Para una meditación formal, *intencionalmente* reservamos cierto período de tiempo para meditar. Haciendo esto, la mente se entrena con mayor profundidad.

Al terminar tu meditación formal, descubrirás que tu mente ha sido entrenada para concentrarse más y más en lo que está sucediendo de momento a momento a lo largo del día. Por ejemplo, prestarás más atención mientras te cepillas los dientes, trabajes en este libro, manejes tu automóvil, te des un baño, notes cómo las noticias te afectan o simplemente pasees a tu perro, mires las montañas o sientas cuando las suelas de tus zapatos hacen contacto con el pavimento.

Ahora, permíteme plantearte este reto. A menos que estés ciego, permíteme invitarte a enfocarte en tus ojos. En un espejo, mírate a los ojos — su color, la apertura del iris, la pupila, la expresión de tus ojos. Probablemente los órganos sensoriales más importantes sean nuestros ojos. Con los ojos percibimos el ochenta por ciento de todo lo que nos rodea. Y si los otros órganos sensoriales no funcionan (tales como el sentido de olfato o sentido del gusto) o dejan de funcionar, son los ojos los que mejor nos protegen contra la mayoría de los riesgos de la vida cotidiana. Ahora considera una actividad sencilla que hiciste horas antes durante el día, tal como ir de caminata, preparar tu desayuno, o bañarte. Piensa en lo difícil o imposible que esa tarea hubiera sido sin tu sentido de visión.

Piensa en el misterio y el milagro de tus ojos.

Son muchas las maneras de meditar, pero tú tienes que escoger la que más te conviene. Recomiendo que comiences lentamente. Al comenzar no trates de meditar por períodos de tiempo muy largos. Forzarte por demasiado tiempo puede fácilmente frustrarte o desanimarte. Es mejor meditar por breves minutos varias veces al día que sobrecargar la mente por mucho tiempo.

Aun así, habrá momentos en los que te sientas demasiado ansioso y nervioso como para sentarte y concentrarte en la respiración. O quizás tengas un historial de ataques de pánico. De ser así, posiblemente estés tratando de resistir el pensar en tus problemas y terminas haciéndolo peor. En otras palabras, "lo que se resiste, persiste."

Sugiero que intentes otro enfoque. En vez de sentarte o acostarte a meditar cuando te sientas preocupado o agitado (estados mentales que agravan la situación), considera mejor ir a caminar conscientemente o practica un poco de yoga (técnicas detalladas anteriormente) con la intención de armonizar la mente con la experiencia de los movimientos del cuerpo. Lo que debes evitar es correr a la refrigeradora en búsqueda de algo para comer.

Una de las grandes ventajas de la meditación es que puede ser practicada casi en cualquier lugar. Lo importante es encontrar un lugar tranquilo y sin distracciones.

Cuando hayas encontrado el lugar apropiado, acomódate en una postura relajada, atenúa la iluminación y descuelga el teléfono para evitar las interrupciones.

Como Jon Kabat-Zinn me decía cuando me estaba enseñando a meditar, "¡Simplemente hazlo!" ("Just do it!").

Comer Conscientemente

La mayoría de nosotros, para mantenernos sanos y robustos, tratamos de comer alimentos saludables. De no ser así, recuerda que las comidas rápidas y procesadas, así como las comidas chatarra ("junk foods") han resultado en estilos de vida insalubres. De hecho, la epidemia de obesidad en Estados Unidos continúa creciendo de forma alarmante. Aproximadamente un treinta y cuatro por ciento de los adultos y del quince al veinte por ciento de los niños y adolescentes estadounidenses son obesos.

La obesidad afecta a todos los segmentos de la población estadounidense.[2]

Además de cuidar de nuestros cuerpos, nosotros tenemos que vigilar nuestras mentes y remover estresores de nuestras vidas cotidianas tomando el tiempo para meditar, para concentrarnos en el presente y bloquear las distracciones innecesarias de la mente.

Ya debe ser evidente que cuando uno se sienta a comer, ya sea el desayuno, el almuerzo o la cena, la actividad puede convertirse en un rito de concienciación durante el cual enfocas *la atención*, *la actitud* y *la intención* sobre el alimento que estás ingiriendo.

Presta plena atención a lo que estás haciendo. ¿Qué olor tiene la comida, cómo se ve, qué sabor tiene? ¿Cómo se siente al masticarla?

¿De dónde vino? ¿Qué fuerzas de la naturaleza jugaron un papel importante en la cosecha de estos alimentos?

¿Quién la cosechó, la empacó o la trasladó al mercado? ¿Quién la cocinó? Y antes de darte cuenta, has participado en un rito de concienciación de treinta a cuarenta y cinco minutos.

Es decir, en un segmento de tiempo durante el cual tu cerebro ha estado fuera de la red neuronal por defecto (fantaseando). Has estado entrenando la mente y cambiando la estructura y funcionamiento de tu cerebro de forma positiva, reduciendo los niveles de estrés, y estimulando el nervio vago a modular las funciones del sistema pulmonar gastrointestinal, cardíaco, endocrino y mucho más.

En este sentido, cada vez que comas algo, no lo devores, sino saboréalo lentamente. Recuerda que la digestión comienza en la boca cuando los alimentos son desintegrados a través de la masticación y al ser mezclados con la saliva. Permite que las papilas gustativas aprecien el gusto sagrado de la comida.

Desafortunadamente, muchos hemos desarrollado la inconsciente costumbre de vivir nuestras vidas en "piloto automático", permitiendo que nuestra felicidad sea secuestrada.

Por lo tanto, nos debemos preguntar, ¿Qué podemos hacer para cambiar el vivir en "piloto automático" para poder comenzar a gozar de una vida más feliz y saludable? ¿Podría la concienciación ayudarnos a lograr ese cambio y prosperar practicándola? La respuesta a cada una de esas preguntas es "Sí".

La concienciación nos permite responder en vez de reaccionar a una situación, aceptándola conscientemente, reconociendo lo que está sucediendo en cada momento. Nos permite adaptarnos a cualquier situación más ágilmente. Aceptamos lo que está sucediendo con más compasión, dejar ir lo que no podemos cambiar y entonces ser más resistentes.

La concienciación nos ayuda a lidiar con eventos traumáticos y abusos pasados y facilita el proceso de recuperación contra el comportamiento adictivo.

Conclusión

Seis Consejos para Practicar la Concienciación durante el Día

1. Dedica unos minutos de silencio para respirar conscientemente.
2. Ten paciencia contigo mismo cuando estés agitado.
3. De vez en cuando, dedica tres minutos a la respiración diafragmática, concentrándote en lentas y largas exhalaciones y si la mente corre hacia el pasado o el futuro, sutil pero firmemente regrésala al momento presente.
4. Evita cualquier tendencia a criticarte. Si surge la crítica, dedica un momento a practicar la bondad, particularmente hacia ti mismo.
5. Reconoce que te estás criticando e ignóralo. Dile a tu mente que te disculpe pero que te estás tomando unas vacaciones contra el tener que pensar.
6. El rendirse ante la situación podría ser un gran amigo.
7. Recuerda el cuarto cimiento de la concienciación, la "impermanencia de todo". Esto significa que cada evento físico y mental nace y eventualmente se desvanece. La vida humana abarca el flujo del proceso de envejecimiento, el ciclo repetitivo de nacer y morir, nada es perdurable y todo se descompone. Aprende a aceptar lo que no puedes cambiar.
8. Observa. Presta plena atención tanto a los placeres de la vida como a las angustias.
Observa el vaivén de las angustias emocionales que surgen imprevistamente. Todo es parte de la experiencia humana. Acepta el potencial purificador de los desastres, ya que, sin ellos, permaneceríamos ignorantes y perennemente alejados de la verdad.

9. Trata de vivir en el ahora. Evita las escenas del desfile de eventos que marcha ante nuestros ojos de momento a momento, y no perdamos vista de lo que la vida nos ofrece. Esto reduce nuestras oportunidades de sanar nuestras mentes y cuerpos al captar la oportunidad de enfrentar los retos de la vida cotidiana.

10. No exageres tus esfuerzos. Trata de evitar el esfuerzo en exceso y el estrés emocional. Intenta relajarte lo más que puedas, prestando plena atención al aquí y el ahora. Trata de relajarte lo más posible prestando plena atención al aquí y ahora. Observa y aprecia lo que está sucediendo según evoluciona de momento a momento — sin tratar de resistir las emociones ya que la concienciación inculca la sanación.

Yoga[3]

Más que un rito que
tonifica y esculpe este
efímero cuerpo.
Ondulación que permite
percatarnos del torbellino
de penas y éxtasis
que afligen y deleitan la
cotidianidad de nuestra vida.

Jaime Carlo-Casellas, Ph.D.

*Faena de gracia y
precisión que vincula la
mente y consciencia con
las atávicas esferas de
nuestra bóveda interna de
soledad...*

*Revelando que el odio,
codicia y decepción
que hostigan el espíritu
pueden ser domesticados.*

*Desenmascarando el amor
y la compasión alcanzable
dentro de los ámbitos
de este momento.
Que su premio nos permite testimoniar
la exquisitez de nuestros días
en este planeta ~
las sorpresas y revelaciones que
remolinean en nuestra caprichosa
y cacofónica existencia.*

8

TRAUMA Y COMPORTAMIENTO ADICTIVO

Recientemente hemos observado aumentos significativos en nuestro entendimiento del trauma psicológico y el hecho de que las intervenciones de concienciación ayudan a atenuar los síntomas de estos trastornos.

Debido a estos hallazgos, nuestro centro ofrece las intervenciones basadas en la concienciación presentadas en el capítulo anterior, para aliviar el sufrimiento de clientes que sufren de trauma emocional. Nuestro propósito es que el paciente aprenda a rechazar los malos recuerdos y pesadillas, eliminar esos eventos negativos de la memoria y lograr control sobre su comportamiento adictivo.

Según los hallazgos de Stolorow, el trauma emocional ocasiona un estado afectivo semejante a la descripción de *ansiedad* de Heidegger, estado que sumerge al traumatizado en un tipo de *acercamiento a la muerte*.[1] El concepto de Heidegger se conoce como *desein*, palabra alemana que significa *existencia*.[2] (Itálicas del autor.)

Además de la ansiedad, el traumatizado padece de depresión, o sea, un trastorno de depresión severa o depresión clínica, un trastorno serio y común del temperamento de la persona. Los que padecen de depresión experimentan episodios de tristeza, desesperación y la pérdida de interés en actividades que antes disfrutaban. Asimismo, padecen de problemas físicos, tales como dolor crónico o trastornos estomacales. Para establecer el diagnóstico de depresión, los síntomas tienen que perdurar por un período de por lo menos dos semanas.[3]

No obstante, la *American Medical Association* y la farmacología carecen de cierto entendimiento, porque en realidad lo que afecta al paciente es la *desesperación*. En las palabras de John Lee, "La desesperación es causada por 'haber escogido el camino equivocado o reprimido el cariño que se debió haber dado.'" (Comunicación personal.) Ocurre porque no hemos llegado a ser la persona que anhelábamos ser, sino la persona que somos. No es lo mismo que sentir vergüenza.[4]

Desde mi punto de vista, el trauma emocional es la demolición de nuestra experiencia como seres humanos, especialmente si crecimos en aquel ámbito de "autoritarismos" que oprime el aprecio de nuestras experiencias en un cosmos predecible y mínimamente invasivo — donde no existe la irritabilidad, la rabia, el miedo, la tristeza, la ansiedad, la culpabilidad, los celos, el odio, la arrogancia o la depresión.

Los clientes que han acudido a nuestro centro en búsqueda de alivio para su trauma emocional reportan alivio en pocas semanas. Es decir, reconocen que el evento traumático ocurrió en el pasado y no debe interferir con la felicidad y exquisitez disponible en los ámbitos del momento presente.

Trastorno del Estrés Postraumático (TEPT)

El TEPT es una forma de sufrimiento generalmente atribuible a un solo acontecimiento traumático, tal como un acoso o asalto sexual, una catástrofe de la naturaleza, haber sufrido u observado un accidente o evento serio, someterse a una intervención quirúrgica seria, participar en un algún combate bélico o prestar primeros auxilios a alguien en estado de gravedad.

La mayoría de nosotros hemos padecido o hubiéramos padecido del TEPT, si hemos sido envejecientes hospitalizados, personas trastornadas, desalojados, abusados o confundidos, niños que se fugan de sus hogares o desconcertados padres, y esto incluye a mis colegas, a mis maestros y hasta a mí mismo. Llegué a pensar que todos podíamos recuperarnos contra el trauma y enfrentarnos a amenazas y golpes futuros simplemente siendo fuertes y menos sentimentales.

James Gordon[5] indica que algunas personas tomando medicamentos psicotrópicos *para su trauma* (tal como TEPT) se sienten mejor. (Itálicas del autor.) No obstante, muchos opinan que el tomar medicamentos los señala como enfermos, narco-dependientes, personas que no pueden regularse a sí mismos. Otros están seguros de que los medicamentos embotan la memoria y atrofian la creatividad.

El doctor Gordon continúa recalcando que, "Los estudios publicados hasta la fecha reseñan que conscientemente nosotros podemos utilizar la conexión entre la mente y el cuerpo (la concienciación) para revertir los daños emocionales y físicos atribuibles al trauma.

Los hallazgos sugieren que una meditación silenciosa de cuarenta minutos por día suele *reducir la tensión arterial y la ansiedad, mejorar el humor, reducir el nivel de dolor y optimizar la inmunidad y funcionamiento cerebral"[6]* (Itálicas del autor.)

El TEPT proviene de la inhabilidad del cliente de inhibir el miedo, o sea, la preocupación. Probablemente emana de un trastorno genético relacionado en gran parte con las amígdalas, así como una diátesis experiencial o predisposición íntimamente relacionada con el evento traumático sufrido durante la juventud.

Conforme a los criterios del *Diagnostic and Statistical Manual of Mental Disorders (DMS-5)*[7] esto incluye:

- Exposición directa al evento. Siendo testigo del evento traumático.

- Reconocer que un ser querido o amigo cercano ha sufrido un evento traumático.

- Presenciar, directa o indirectamente, los detalles de un evento traumático, generalmente durante el transcurso de suministrar obligaciones profesionales (como, por ejemplo, al brindar primeros auxilios, atención médica o practicar autopsias en cadáveres mutilados.

El evento traumático permanece persistentemente en la mente o se vuelve a percibir de la siguiente manera:

Recuerdos perturbadores indeseados.

- Pesadillas.
- Recuerdos Inquietantes.
- Sufrimiento emocional después de exposición a los recuerdos del evento traumático.
- Reacción física después de exposición a recuerdos del evento traumático.

Estudio de Caso — TEPT

Iván, masculino soltero de 29 años, acudió al centro por primera vez después de un tiroteo en un club nocturno durante el cual sufrió un balazo en su pulmón izquierdo. Como resultado del incidente, Iván desarrolló el TEPT y estaba en búsqueda de alivio de los síntomas de su trauma. En aquel momento Iván estaba bajo la atención de un psiquiatra que le había recetado medicamentos para aliviar los síntomas clásicos del TEPT, incluso las pesadillas, recuerdos perturbadores, reactividad física después de exposición a recuerdos del evento traumático, insomnio y depresión.

Durante la primera sesión, Iván habló por más de cuarenta y cinco minutos, sin siquiera pausar. Aparentemente, el trauma le causó tanto sufrimiento físico y emocional que estaba volviendo a revivir y a contar cada minuto de aquella noche, desde el momento que recibió el disparo, el dolor que sintió cuando el policía insertó su dedo en la lesión para detener el flujo de sangre, al ser transportado en la ambulancia, hasta el momento en que se desmayó, creyendo que se había muerto.

Contó cada detalle del tiroteo sin ser capaz de mirarme a los ojos, mirando hacia el techo, como si estuviera hablándole a un fantasma. Tengo que confesar que a veces, muchas de las cosas que me contó de lo que le había sucedido, francamente me asustaron. Me conmovió mucho.

No obstante, lo dejé hablar libremente y sin interrumpirle, prestando total atención a lo que decía. Cuando por fin terminó de hablar y se calmó un poco, respiré profundamente y le dije "Iván, cuánto siento lo que te ha sucedido y cuánto me alegro de que sobreviviste a tan horrible tiroteo. Pero déjame ser sincero contigo, lo que me has estado contando es algo que sucedió en el pasado. Lo que vamos a hacer de hoy en adelante es aprender a suprimir lo que sucedió en el pasado y comenzar a vivir el ahora, porque el pasado ya terminó, es inalterable y extenuante. Voy a intentar enseñarte a gozar de la vivacidad y exquisitez disponible en el momento presente. Uno de mis mentores me dijo una vez, 'Mientras estés vivo y respirando, hay más cosas buenas en ti que malas — o sea, eres más perfecto que imperfecto.'"

Pude conectar con Iván contándole mi experiencia personal en el servicio militar y cómo pude manejar mi TEPT mediante la concienciación. Tomando en cuenta sus antecedentes académicos como estudiante de derecho, pude explicarle los fundamentos de la neuroplasticidad y cómo la concienciación entrena la mente y cambia la estructura y funcionamiento del cerebro, especialmente las áreas que retienen recuerdos desagradables del pasado.

Con ese entendimiento comenzamos el entrenamiento. Presentí que Iván aceptó mi propuesta y que podría ayudarlo.

Durante varios meses nos reunimos una vez por semana para que Iván aprendiera a cultivar y a practicar diversas intervenciones de concienciación — respiración diafragmática, comer conscientemente, caminar conscientemente, entrenamiento autógeno, Yoga Nidra, escaneo del cuerpo y bondad consciente. Además, le proporcioné grabaciones de audio para que practicara su concienciación antes de acostarse y al levantarse por las mañanas.

Con la práctica y el tiempo, su angustia y su ira comenzaron a disminuir. Demostró mucho progreso mientras estuvo viniendo al centro. Una de las cosas que me dijo fue, "Hay algo ahí adentro que es real y soy 'yo mismo'". Sin embargo, durante los días festivos de Navidad y Año Nuevo perdimos contacto.

Después de varios meses, Iván me llamó, debido a que sus síntomas habían empeorado. Había dejado de practicar las intervenciones que había aprendido. Llegó hasta el punto de abandonar su sueño de ser abogado después de reprobar sus exámenes trimestrales por causa de la abrumadora depresión y ansiedad mental que sufría. Había aumentado mucho de peso y no salía de su casa para evitar todo contacto social. Se encontraba en un círculo vicioso que le reforzaba pensamientos negativos, aunque seguía tomando sus medicamentos. Había recurrido a dormir con una pistola debajo de su almohada, "por si acaso".

Volví a comenzar el manejo de su caso con un escaneo del cuerpo y con la meditación de amabilidad. Le asigné tareas para meditar en su casa con grabaciones para que comenzara a adquirir el estado mental apropiado. También le recordé que cada vez que consumiera algo, que lo hiciera conscientemente, ya que esto le ofrecía la oportunidad de sacar la mente de la red neuronal por defecto (soñar despierto) y escapar de la trampa de vivir en el pasado.

Después de varias sesiones la fisiognomía de Iván mejoró visiblemente. No estaba proyectando aquella imagen de negatividad. En general, su semblante era otro, uno mucho más satisfactorio. Expresó su alegría y emoción, diciendo que ya podía controlar su ira, que hasta recientemente se convertía en violentas explosiones que duraban horas, dejándolo desesperado y molesto. Su estado mental estaba cambiando con su práctica diaria de meditación. La más pequeña noción de ira ahora le hacía ir a su dormitorio, el lugar más tranquilo en su casa, donde encendía una vela aromática para ayudarle a concentrarse en su meditación.

Controlando su inhalación y exhalación, Iván imaginaba el centro de su cerebro intentando atrapar un globo rojo de ira. En su meditación se imaginaba el tamaño de aquel globo rojo en su cerebro (las amígdalas) reduciendo su tamaño.

Me contó que cuando era atleta en la universidad, su entrenador dirigía a los estudiantes en ejercicios de concentración cuerpo-mente antes de hacerlos levantar pesas.

Los hallazgos de un estudio demostraron que los atletas que se concentran en los músculos involucrados en los ejercicios antes de levantar las pesas lograban mayor musculatura. Esta técnica es fundamentalmente la misma que le estaba enseñando yo ahora, pero el músculo involucrado en nuestro caso era el cerebro, ¡el músculo más importante del cuerpo!

También practicó la respiración diafragmática acostado utilizando la aplicación "Inner Balance".[8] El programa utiliza un sensor que se conecta al lóbulo de una oreja y otro al centro del torso (corazón). Al conectarse a un teléfono celular, el dispositivo mide los niveles de relajación mientras la persona se concentra en su respiración. De esta forma Iván logró mantener un alto nivel de coherencia (relación) de 99 por ciento durante diez minutos de respiración diafragmática.

Iván ahora puede concentrarse en recuperar su salud física ya que ha establecido su rutina para recuperar su salud mental. Está estudiando para volver a tomar el Examen de Ingreso a la Escuela de Derecho, el "Law School Admissions Test" (LSAT, por sus siglas en inglés), con la esperanza de matricularse en algún colegio de derecho reconocido. De vez en cuando tiene algunos recuerdos y pesadillas, pero no permite que éstas lo definan. Mediante la práctica de la meditación, él ha podido superar estos obstáculos y concentrarse en ser sólo un destacado estudiante de Derecho.

Sus últimas palabras al despedirse de mí fueron, "Gracias por darme una nueva oportunidad en la vida".

El Trastorno de Estrés Postraumático Complejo (TEPT-C) — Abuso psicológico, sexual o físico

Actualmente, el manual *DSM-5* no incluye el Trastorno de Estrés Postraumático Complejo (TEPT-C) como una condición especial de carácter psicológico. La condición también es conocida como "abuso narcisista", "síndrome de contrólame", "trastorno de trauma complejo", o "cautiverio bélico". Los profesionales reconocen la condición como el resultado de trauma repetitivo y prolongado que involucra abuso constante o abandono, generalmente por una persona encargada del cuidado del paciente u otro vínculo interpersonal con un desequilibrado poder dinámico sobre el paciente. El espectro del trauma emocional suele incluir el abuso infantil o sexual, violencia doméstica o ser un prisionero de guerra.9

"A pesar de los esfuerzos de los proponentes por más de dos décadas, aún no se sabe si el C-TEPT será integrado en el *DSM-5*." La afirmación del carácter disociativo de los diversos síntomas y la introducción de características para identificar los efectos negativos de esta condición, tales como vergüenza y culpabilidad, implican avances indirectos hacia mejor tratamiento contra las consecuencias del trauma que ocurre durante las etapas de desarrollo en las existentes categorías del TEPT. Como todo trastorno de alta prevalencia de trauma durante los primeros años de vida, los trastornos disociativos y las enfermedades de personalidad limítrofe aparecen entre las categorías anotadas en el *DSM-5*. No obstante, el reconocimiento de un trastorno de personalidad específicamente relacionado con el trauma es dudoso.

Actualmente, una variación del TEPT que surge durante la edad preescolar se está considerando para su inclusión en el manual *DSM-5*. Su diagnóstico sería Trastorno Traumático del Desarrollo (conocido en inglés como *Developmental Trauma Disorder*) o sea la versión infantil del TEPT, pero dicha condición aún no ha sido incluida en el manual"[10]

Los síntomas de TEPT-C consisten en pérdida de memoria, recuerdos turbulentos, trastornos de sueño, alucinaciones, ansiedad, pensamientos suicidas, rabia explosiva, angustia persistente, ideación suicida, preocupación obsesiva con la venganza, aislamiento, disociación, pérdida de sensación en áreas del cuerpo y desconfianza, para nombrar algunos.

Para el estudio de un caso de TEPT-C (Abuso Sexual Infantil) pasa al capítulo 15.

Comportamiento Adictivo

Según la *American Society of Addiction Medicine*[11], "la adicción es una enfermedad crónica de los circuitos inherentes al sistema de recompensa del cerebro, la motivación y la memoria. La disfunción en estos circuitos resulta en las características manifestaciones biológicas, psicosociales, sociales y espirituales de la enfermedad. Esto se refleja en la búsqueda patológica de la persona de la recompensa y/o alivio atribuible a la sustancia o comportamiento adictivo.

La adicción es caracterizada por la inhabilidad de abstenerse constantemente de comportamientos obsesivos, antojos, reconocimiento disminuido de problemas significativos con el comportamiento propio e interpersonal y reacciones emocionales disfuncionales. Como muchas enfermedades crónicas, la adicción frecuentemente abarca ciclos de recaídas y remisión. Sin tratamiento o participación en programas de recuperación la adicción es progresiva y puede resultar en una incapacidad o muerte prematura.

¿Cómo Sabes si Sufres de Una Adicción?

Los hallazgos más recientes en torno a la neurociencia de los mecanismos de dependencia, Sharman Heshmmat han identificado diez patrones del comportamiento adictivo.[12]

1. Intentos de abandonar el hábito son inútiles, a pesar de que el adicto frecuentemente desea abandonarlo completamente. Es muy común que el adicto abandone el hábito por cortos períodos de tiempo, pero las tasas de recaída de largo plazo son significativamente altas.

2. Activadores detonantes de conducta adictiva: son activadores ambientales que reviven el antojo. Una situación

como el tomarse una taza de café puede activar el deseo de fumarse un cigarrillo. Después de cumplir con su tratamiento de desintoxicación, muchos adictos, al regresar a su previo ambiente, son más propensos a ser afectados por las contraseñas que reactivan sus antojos y recaen, especialmente durante momentos de estrés.

3. Pérdida de control — Esto significa que el adicto conscientemente está tratando de abstenerse, pero no lo logra. La reacción típica de fallar al intentar resistir las contraseñas sin la fortaleza interna, la capacidad, el conocimiento, el comportamiento, la actitud y la experiencia de la vida necesarias para resistirlas producen fuertes emociones negativas, tales como depresión y baja autoestima.

4. Deseo sin placer — El adicto frecuentemente continúa su comportamiento adictivo a pesar de reportar que no disfruta del comportamiento. Los fumadores de cigarrillos frecuentemente han dicho que detestan el humo de cigarrillo. Aun así, siguen fumando con regularidad.

5. Permanecer vigilante — La adicción es incurable. Toda adicción es un "trastorno de los antojos" del cerebro. Es decir, el cerebro está desbalanceado.[13]

   El adicto en proceso de recuperación frecuentemente intenta manejar su enfermedad mediante control cognitivo, y una de las mejores maneras de hacerlo es con la concienciación, la cual ayuda al adicto a reconocer las contraseñas e impulsos que surgen, pero sin actuar sobre los mismos.

6. Toxicomanía intersectorial — Debido a que la adicción es un trastorno incurable, muchos adictos sustituyen un comportamiento compulsivo por otro. Se tornan en trabajadores compulsivos (trabajólicos), apostadores o recurren al sexo o al alcohol para contrarrestar la devastadora solitud, aburrimiento y depresión que constantemente los amenaza.

7. Automedicación — Los profesionales del campo postulan que muchos adictos se involucran en comportamiento adictivo para modificar su estado mental (incrementar la secreción de dopamina) para poder tolerar los estados negativos del estrés. Actualmente se sabe que personas con antecedentes expuestas a ambientes infantiles adversos (por ejemplo, abuso físico, mental o sexual) suelen tener una capacidad disminuida para controlar las emociones negativas y contender eficientemente con situaciones estresantes, y por eso recurren al consumo de drogas que alivian los efectos adversos del trauma infantil.[14]

8. Vulnerabilidad genética — La mayoría de los que experimentan con drogas no se convierten en adictos. No obstante, algunos proceden más allá de experimentar y rápidamente se convierten en personas que dependen de la sustancia (narcodependientes) por largos períodos de tiempo. Debido a esta vulnerabilidad genética, los hijos de adictos corren un riesgo mayor de futuros problemas adictivos, mostrando incrementados niveles de impulsividad.

9. "Abusador de sustancia" vs. "adicto" — Existe poca diferencia entre un "abusador de sustancia" y un adicto. El "abusador de sustancia" es aquel que no necesita controlar el consumo de la sustancia o su comportamiento adictivo mientras que el "adicto", ya sea adicto a una sustancia o comportamiento, comienza como consumidor ocasional y con el tiempo se convierte en consumidor compulsivo.

10. La adicción no está limitada al abuso de sustancias — El concepto psicológico operativo de la condición[16] propone que el comportamiento es acompañado por una experiencia eufórica que la persona, probablemente, repetirá. Esto es atribuible a que la experiencia de la búsqueda de euforia activa la necesidad de elevar los niveles de dopamina, el

neurotransmisor que recluta la parte frontal del cerebro relacionada con el placer y la recompensa.

Por ejemplo, un perro desempeña un truco para obtener una galleta. El condicionamiento operativo del ser humano comienza cuando empieza a entender que ciertos comportamientos conducen a cierta recompensa. Por ejemplo, el consumo de alcohol, el fumar tabaco o el inyectarse heroína conduce a la reducción de sufrimiento, por lo tanto, la persona indudablemente seguirá repitiendo dicho comportamiento en el futuro.

Estudio de Caso — Comportamiento Adictivo

Skip, un joven de aproximadamente treinta años de edad acudió al centro en búsqueda de respaldo con su recuperación. Vino acompañado de su Entrenador de Recuperación ("Recovery Coach").

El evento que lo introdujo al consumo de drogas fue la pérdida de su abuelo, un gran golpe emocional para Skip. Para lidiar con la muerte de su abuelo, sus amigos le ofrecieron vicodina, la cual desencadenó su adicción. Dentro de poco tiempo después su adicción a la vicodina comenzó a consumir heroína y marihuana.

Se presentó al centro con tatuajes en todo su cuerpo, incluyendo sus manos, cara y su cabello en rizos de estilo rastafari.

Era un muchacho muy urbano y cortés que siempre me llamó "Señor".

Skip había lidiado con su adicción, su depresión y su comportamiento autodestructivo por muchos años, hasta el punto de haber contemplado suicidarse.

Afortunadamente, pudo superar su adicción por completo.

Originalmente, varias personalidades de reconocido prestigio nacional en la industria musical del *rap* inspiraron a

Skip, quien compró su primera computadora portátil con dinero ganado de la venta de drogas.

En nuestro centro aprendió diversas intervenciones de concienciación — el escaneo del cuerpo, el entrenamiento autógeno, el ejercicio de comer pasas, la meditación ambulatoria (caminando), Yoga Nidra, Yoga del Trauma Sensible, para nombrar algunos. Además, se le proporcionaron grabaciones de audio para practicar concienciación, meditación y respiración en las noches antes de acostarse y al levantarse por las mañanas.

También practicó la respiración diafragmática acostado utilizando la aplicación *Inner Balance HeartMath*.[17] Como detallado anteriormente, este dispositivo provee un sensor que se conecta al lóbulo de una oreja y otro al centro del torso (corazón). Cuando lo conectan a un teléfono celular, el dispositivo mide los niveles de coherencia (relajación total). Utilizando este dispositivo, Skip logró mantener un alto nivel de coherencia (98 por ciento), durante un período de quince minutos de respiración diafragmática.

Los más prestigiosos proponentes de la meditación reconocen bien las sensaciones que el meditador percibe al utilizar este dispositivo. Parecido a los dispositivos del pasado, éste con un sensor que se engancha en la oreja y el otro en el torso cerca del corazón, ayudan al meditador a lograr niveles más altos de coherencia mientras le indica lo que está sucediendo momento a momento.

Utilizando el dispositivo *Inner Balance HeartMath*, Skip pudo mantener *relajación total* (o sea, "coherencia", demostrada en la pantalla del celular por el color verde) por el transcurso de quince minutos.

Mientras meditaba y se relajaba, el software en la pantalla del celular indicaba que su ritmo cardíaco estaba sincronizado con sus ondulaciones mentales y sus emociones.

Al terminar la meditación Skip dijo, "Me siento sumamente relajado… sereno… tan enfocado… no puedo creer que la simple estrategia de observar la inhalación y exhalación y como el torso y el abdomen se mueven mientras el cuerpo respira puede crear tanta paz y tranquilidad mental. ¡En realidad, funciona!".

Desde entonces, nos hemos reunido varias veces y su progreso es manifestado por su capacidad de seguir practicando las intervenciones de concienciación de forma formal e informal. Hasta el día de hoy, Skip no ha vuelto a consumir drogas.

Programa de Reducción de Estrés Basado en la Concienciación (MBSR, por sus siglas en inglés)

En nuestro centro, para ayudar a los que se están recuperando de su comportamiento adictivo, ofrecemos un programa de Ocho Semanas para evitar Recaídas al Comportamiento Adictivo Utilizando la Concienciación (*Eight-Week Mindfulness-Based Relapse Prevention Program for Addictive Behaviors*)[18]. En 2007 presentamos nuestros resultados sobre nuestro trabajo con tres personas adictas al trabajo, tres que comían en exceso, un alcohólico/jugador compulsivo, un fumador, un adicto a los chicles Nicorette© y un adicto a las anfetaminas.[19]

Basamos nuestros métodos en los hallazgos de Garland y Howard[20] que demostraron que las intervenciones basadas en la concienciación, particularmente el escaneo del cuerpo, se reducen el mal uso y ansias de sustancias, modulando los procesos cognitivos, afectivos y psicofisiológicos que definen la autorregulación y el procesamiento de las recompensas.

La concienciación permite que el adicto preste plena atención a sus ansias, sus antojos, sus emociones y a monitorear su cuerpo. Mientras el adicto presta plena atención, su mente se enfoca no solamente en las sensaciones evocadas por la respiración sino también en las interoceptivas y propioceptivas sensaciones del cuerpo.

La práctica también permite que el adicto monitoree su cuerpo sin juzgar lo que está evolucionando en el ahora, cognitivamente consciente de sus emociones y regresando la mente al momento presente si se distrae pensando en el pasado o el futuro. En otras palabras, el monitoreo del cuerpo es un estado metacognitivo de conciencia que involucra la observación de lo que está sucediendo en la mente mientras está sucediendo.

Escaneo del Cuerpo

Como se ha detallado en el Capítulo 3, el escaneo del cuerpo es una exploración profunda de las sensaciones del cuerpo que ocurren según va evolucionando el momento presente. Al prestar plena atención y aceptación a las sensaciones del cuerpo, la persona puede reducir los niveles de estrés, ansiedad y dolor físico. Hemos observado que esta intervención es sumamente efectiva en ayudar a las víctimas de trauma, así como a los adictos en estado de recuperación.

Unas palabras sobre la Desintoxicación

La desintoxicación es un primer paso importante para la recuperación del abuso de sustancias y el comportamiento adictivo. La mayoría de los programas de desintoxicación frecuentemente duran de treinta a noventa días, durante los cuales un profesional de atención médica ayuda al adicto a manejar los síntomas de la retirada que ocurren al tratar de dejar de consumir drogas o alcohol o descontinuar el comportamiento adictivo.

Según el U.S. Department of Health and Human Services el proceso de desintoxicación abarca tres componentes esenciales que deben ser provistos a toda persona que solicite tratamiento:[21]

1. Evaluación
2. Estabilización
3. Preparación del paciente para su ingreso al tratamiento de su abuso de la droga o su comportamiento adictivo.

Una vez que la desintoxicación haya sido completada, es importante que el adicto en recuperación continúe un tratamiento de seguimiento para que su recuperación sea exitosa. Desafortunadamente, muchos centros de desintoxicación no ofrecen servicios de seguimiento, por lo tanto, muchos adictos recaen.[22]

Quizás una de las razones principales de las recaídas es porque el adicto no conoce las terribles consecuencias de las recaídas.[23]

La concienciación puede ayudar al adicto a:

1. Aprender la técnica conocida como "el surfeo de antojos".[24] Es decir, percibir los antojos y ansias como ansiedades que surgen, pero sin actuar sobre las mismas, como si fueran olas del mar que llegan a su punto máximo y se desvanecen.
2. Reducir la necesidad de "corregir" o controlar circunstancias específicas, incluso emociones o sensaciones internas.
3. Mejorar el modo de comunicarse con otros intencionalmente, en vez de reaccionar automáticamente.
4. Mejorar la capacidad de manejar la angustia emocional.

Unas Palabras sobre Otros Tratamientos de Traumas

Hasta la fecha, la psicoterapia ha sido lo que primordialmente se ha recomendado para el tratamiento del TEPT. "Enfoque en el trauma" significa que el tratamiento se concentra en investigar el recuerdo o el significado del evento traumático. Estos tratamientos utilizan diversas técnicas para ayudar al paciente a procesar la experiencia traumática. Algunos utilizan la visualización, la terapia conversacional o la recuperación del recuerdo de la experiencia traumática. Otros se concentran en cambiar creencias contraproducentes sobre el trauma. Normalmente duran de ocho a diez y seis sesiones.[25] Un problema con este tipo de terapia es que el cliente frecuentemente vuelve a sufrir la experiencia traumática diciendo, "estoy trastornado", "la gente que supuestamente me ama trata de hacerme daño", "no puedo confiar en nadie", "no valgo para nada y nadie me quiere para nada", etcétera.[26]

Un nuevo acontecimiento alentador se basa en el procedimiento Bloqueo del Ganglio Cervicotorácico (SGB, por sus siglas en inglés), el cual funciona sumamente rápido y puede cambiar la manera de tratar el TEPT. El procedimiento fue reportado por Bill Whitaker del programa *60 Minutes* de CBS *"A Possible Breakthrough Treatment for PTSD."*[27] SGB es un procedimiento mediante el cual un anestésico es inyectado en el ganglio cervicotorácico, un grupo de nervios en el cuello que ayuda a controlar el mecanismo de "pelear, huir o congelarse", y por consiguiente, alivia los síntomas del TEPT, tales como la hiperactividad, las reacciones exageradas y la ansiedad.[28]

Unas palabras sobre Otros Tratamientos para el Comportamiento Adictivo

Otros tratamientos destinados al manejo del comportamiento adictivo, donde la mayoría de los adictos recaen dentro de los doce meses después de su desintoxicación, se han concentrado en la "epidemia de opioides", o sea el abuso de fármacos opioides recetados, tales como la hidrocodona, la oxicodona y el fentanilo. Gran parte de esta investigación se ha concentrado en el uso de bloqueadores de neurotransmisores, tales como acetilcolina, la cual juega un papel importante en el procesamiento de los recuerdos.

Mientras que estos fármacos ayudan a controlar los síntomas de retirada en pacientes que intentan recuperarse de su adicción a opioides, los efectos secundarios pueden activar cambios cerebrales que pueden resultar en otras adicciones, y causar episodios que precipiten recaídas antes de haber completado el tratamiento.

Estudios recientes sugieren que una solución estará disponible en el futuro cercano. El medicamento experimental, Rapastinel, originalmente desarrollado como un antidepresivo, sustancialmente revirtió en meramente tres días los síntomas agudos de la retirada contra los opioides en ratas.[29]

Conclusión

Actualmente se reconoce que las intervenciones de concienciación ayudan a mitigar la relación entre pensamientos desadaptativos y el sufrimiento postraumático.

Esto incluye no sólo el TEPT según se define en la edición de 2013 del *DSM-5*, pero también el C-TEPT, que ocurre debido al trauma repetitivo que conlleva abuso y abandono sostenido, casi siempre por parte de la persona encargada del cuidado de la víctima u otra de su círculo íntimo con una dinámica de poder desequilibrado.[31]

Como la adicción involucra un comportamiento automático destinado a escapar de situaciones estresantes, la concienciación le permite al adicto desvanecer el estrés. Esto puede ser atribuible a que la concienciación eleva los niveles de dopamina, la cual juega un papel importante en la modulación del comportamiento y la ansiedad, y por lo tanto, permite que el adicto en recuperación pueda reconocer sus reacciones automáticas al estrés y lograr los cambios necesarios.[3] La concienciación permite que el adicto en recuperación reconozca que no tiene por qué depender de la droga, el alcohol o un comportamiento indeseado como mecanismo para contender contra pensamientos perniciosos y desarrollar compasión a sí mismo y al prójimo.

Realidad[33]

Realidad,
a la izquierda de este momento,
suele ser esquizofrénica
y mortificante, pero trágicamente
inextinguible
e inmutable.
A la derecha de
este momento,
La Realidad
suele ser
sospechosa.
En este momento
de ahora,
La Realidad simplemente es.

{ 9 }

EL ESTRÉS

El estrés es parte ineludible de nuestra realidad — algo que tenemos que sobrellevar en ciertos momentos.

Mientras que nosotros podemos soportar ciertas situaciones estresantes, el estrés crónico e infatigable puede desencadenar problemas serios, incluso ansiedad severa, depresión, obesidad, presión arterial alta y trastornos cardíacos, por mencionar algunos. Y aunque todos toleraremos diferentes tipos de estrés con gran dificultad, el proceso de estrés normalmente progresa por cinco etapas generales.[1]

Etapa 1: Pelear, huir o congelarse

En cuanto se percibe la situación estresante, el cuerpo suena la alarma, activando la tiroides y ensanchando las glándulas adrenales. El cuerpo intenta normalizar la situación lo más pronto posible y el metabolismo se acelera. Las adrenales secretan las hormonas de estrés (cortisol, epinefrina y norepinefrina) para controlar la inflamación que surge.

Pero esto no es una solución permanente. Es una solución temporal mientras la situación se soluciona. El reverso de la situación es que, en la etapa de alarma, la concentración mental aumenta. No por mucho tiempo, pero inicialmente. El propósito de esta etapa es resolver el problema inmediato para que la situación regrese a su estado normal.

Si la persona no presta atención a estas alarmas, otras reacciones fisiológicas dentro del cuerpo comienzan a desencadenarse. Los niveles de las hormonas de estrés siguen aumentando, así como el ritmo cardíaco, la presión arterial aumenta… se reducen la recuperación de la memoria a corto plazo y los sentimientos de estrés, temor, ansiedad y depresión.

Eso es lo que les sucede a los empresarios trabajólicos que están pasando por fases de "agotamiento profesional", o sea "burn-out". Sus adrenales están sobrecargadas porque las alarmas de fuego están sonando sin que nadie les preste atención — ¡siguen trabajando como autómatas! Estos empresarios son notorios en reconocer que las alarmas están sonando, pero, aun así, siguen trabajando a pesar de las consecuencias. De hecho, muchas veces la sociedad admira ese tipo de comportamiento.

Por lo tanto, utiliza esta realidad para tu bienestar y siempre presta atención a las alarmas. Cuando el cuerpo percibe un estresor, el cuerpo lo reconoce.

Siempre recuerda, no juegues con fuego. Cada tren que no presta atención, eventualmente se descarrila.

Etapa 2: Resistencia

La segunda etapa del estrés es la *resistencia*, cuando el cuerpo intenta regresar a su estado normal y contrarrestar la "alarma". Normalmente, cuando se comienza esta etapa el cuerpo se siente más calmado. Los niveles de las hormonas de estrés comienzan a disminuir y las funciones fisiológicas del cuerpo regresan a su estado normal.

Etapa 3: Recuperación

Lo mejor sería que en algún momento reconociéramos que hemos estado corriendo un maratón a un paso insostenible y tenemos que optar por un paso más lento.

Al comenzar el proceso de recuperación, el cuerpo trata de regresar sus sistemas internos a su nivel homeostático original.

Para que el cuerpo pueda recuperarse, tenemos que descansar, dormir y reducir nuestro rendimiento general, algo que es sumamente difícil para muchos trabajólicos.

Por lo tanto, es imperativo que, a pesar de lo ocupados que estemos, tomemos "tiempo para descansar" y lo integremos a nuestra vida cotidiana y/o agenda semanal. ¡Tomar tiempo para no hacer nada!

Etapa 4: Adaptación

Ahora, digamos que no le hicimos caso a nuestro cuerpo y decidimos no hacer nada. En vez de recuperarnos, decidimos "adaptarnos" al estrés.

Esencialmente, lo que estamos haciendo es permitir que el nivel de estrés permanezca descontrolado.

¿Qué significa eso? Se asienta como estrés constante y nos adaptamos a vivir con estrés crónico.

Pero eso no significa que la adaptación sea saludable para el cuerpo.

Comenzamos a sentir menos energía y a destruir nuestra autoestima. Se nos hace difícil conciliar el sueño y manejar nuestras emociones y aumentamos (o rebajamos) de peso, para mencionar algunos problemas.

Piensa en el trabajólico — su vida comenzará a tambalearse hasta desplomarse por completo.

La adaptación no es la "solución". Es un resultado indeseado, uno que debe ser evitado, cueste lo que cueste.

Etapa 5: Agotamiento Profesional

Finalmente, si ignoramos las primeras cuatro etapas de la advertencia, eventualmente nos encontraremos completa y sumamente "quemados, o sea, agotados por completo".

Esto puede significar una verdadera y auténtica depresión hasta una lamentable hospitalización.

Es asombroso que, en la comunidad empresarial, la carencia de sueño y el trabajar sin cesar son celebrados como laureles que comprueban devoción al deber. Yo mismo he platicado mucho sobre lo necesario que es trabajar arduamente para lograr el éxito. Pero al mismo tiempo reconozco que hay que vivir una vida balanceada, para que las ganancias a corto plazo no se conviertan en pérdidas a largo plazo.

¡El recurso más importante en la vida eres tú! Si no vives una vida balanceada, sufrirás mental, física y emocionalmente.

No permitas llegar al punto de agotamiento profesional. Si no dedicas cierto tiempo todos los días a evitar que esto te suceda, terminarás teniendo que dedicar más tiempo a restaurar tu estado de salud.

El aprender las diferentes etapas del estrés es importante para poder identificar cuál de ellas estás padeciendo. El estar al tanto de las diversas etapas y cómo responder a cada una te permite dar los pasos apropiados para mantener un buen estado de salud.

El estrés puede servirnos en el sentido de que puede motivarnos a lograr ciertas tareas, pero si no lo mantenemos bajo control, puede llevarnos a desarrollar condiciones crónicas que impactan nuestra salud negativamente.

Ahora es el momento de dar pasos positivos y remover todo lo que nos esté estresando. Quizás necesites recurrir a la ayuda de tus seres queridos o amigos o tal vez necesites tratamiento profesional. Hasta que no controles los niveles de estrés tu cuerpo no podrá recuperarse y tu situación empeorará.

La evidencia científica emergente comprueba la evidente conexión entre la mente y el cuerpo. Se ha comprobado, sin duda alguna, que las intervenciones de concienciación impactan la estructura y funcionamiento del cerebro y sus reacciones a condiciones traumáticas y exigentes. A pesar de que muchos opioides son comúnmente recetados para controlar el dolor, bloqueando los receptores opiáceos, la concienciación funciona de la misma manera y con mayores beneficios.

Lo primero que debes hacer es determinar si las preocupaciones y ansiedades relacionadas con el estrés son legítimas. Debes preguntarte si tus ansiedades son racionales, o si estás exagerando algo negativo que pudiera suceder. La mayoría de nuestros problemas son más nocivos en nuestra mente que en la realidad. Con cada preocupación que surge en la mente, debemos enfocarnos en la evidencia a la mano y no llegar a conclusiones erradas. ¿Qué probabilidad real habrá de que nuestra preocupación se convierta en una catástrofe?

Tenemos que tratar cada inquietud por separado y reconocer que el resultado no siempre se va a materializar. Por ejemplo, puedes reprobar un examen o no cumplir con una fecha de entrega, pero eso no significa que tu vida entera sea un fracaso. Simplemente porque la persona percibe que algo es alarmante no significa necesariamente que lo es.

La Prevención es la Mejor Ruta

Muchas de nuestras experiencias de la vida, tales como enfermarnos, pagar cuentas o perder un ser querido no pueden ser evitadas. Por lo tanto, tenemos que prepararnos para tales eventos en vez de intentar evitarlos. De ahí que el nombre de nuestro centro sea Stress Management & Prevention Center.

El preparar un plan para lidiar con lo imprevisto o las circunstancias emergentes nos ayudará a prevenir los efectos nocivos de la ansiedad, la aprehensión y la desconfianza. Al reflexionar de antemano sobre posibles soluciones a diversas situaciones, uno puede aprender a lidiar con confianza cuando se presente la situación. Como algunas personas dicen, "No intentes detener la lluvia, trae el paraguas". Igualmente, prepárate para una situación estresante antes de que surja. El simplemente sentarse por diez o veinte minutos al día comienza a preparar la mente y el cuerpo para lidiar con los efectos adversos del estrés. Préstale atención consciente al aquí y ahora según evoluciona de momento a momento.

Vive el Momento Presente

Es importante nunca vivir en el pasado o preocuparse por el futuro. Desear cambiar o prevenir algo que ocurrió en el pasado no va a resolver problema alguno. El pasado es inalterable y persistente, mientras que el futuro es sospechoso y dudoso.

Lidiar con la adversidad, según surge, permite que uno pueda limitar los niveles de preocupación y ansiedad mucho mejor.

La continua preocupación sobre una situación en particular no ayudará a resolver la situación de manera alguna. Si has incorporado la práctica de concienciación a tu vida cotidiana, notarás que cataliza tu atención, la recuperación de tu memoria, tu procesamiento de información y el control de tus impulsos.

Por lo tanto, estarás preparado para responder apropiadamente a situaciones de adversidad cuando surjan, en vez de reaccionar a ellas.

Pensar Positivamente

El optimismo es increíblemente potente para combatir la adversidad. El pensar positivamente te permite reconocer que podrás controlar tus emociones y reacciones muy eficientemente. Aun cuando estés enfrentando una situación estresante, el impacto será menos pernicioso si tu mente ha sido capacitada para lidiar con las realidades de la vida.

Frecuentemente las situaciones aparentan ser peor de lo que son si proyectamos una inminente conclusión negativa. Nuestro *punto de vista* negativo suele bloquear soluciones o estrategias de manejo apropiadas para lidiar con situaciones imprevistas.

Comparte tus Preocupaciones, tus Pensamientos Negativos y tus Ansiedades

El platicar con otras amistades, un entrenador personal, un miembro de la familia de confianza o un psicoterapeuta te ayudará a obtener nuevas perspectivas. Dichas personas te ayudarán a enfrentar tus sospechas y darte consejos que te ayudarán a lidiar con una situación en particular o a reconocer que tus ansiedades son injustificables.

También vale la pena escribir tus problemas en un cuaderno. Tácticas como éstas te ayudarán a concentrarte exactamente en lo que te está causando la ansiedad.

Te ayudarán a desarrollar soluciones en vez de permitir que tu mente sea manipulada hasta imaginarse que el problema es más catastrófico de lo que realmente es.

Meditación y Ejercicio

Tanto la meditación como el ejercicio ayudan a reducir los niveles de las hormonas del estrés cortisol, epinefrina y norepinefrina. Ambas actividades despejan la mente y te ayudan a concentrarte en mantener tu cuerpo y el sentido común en buen estado de salud.

El desarrollo de tácticas apropiadas para solucionar problemas requiere que la persona mantenga un buen estado físico y mental. Mientras más ansiedad o estrés sufre la persona, más posibilidad de que su salud comience a deteriorarse.

La Identificación de Tus Preocupaciones es muy Valioso

El primer paso para tratar de controlar tus preocupaciones es determinar si son legítimas. Tienes que preguntarte si tus preocupaciones son auténticas o si estás exagerando la situación. La mayoría de los problemas que nos agobian causan más problemas en nuestras mentes que en la realidad. Con cada preocupación que surge, recuerda enfocarte en la evidencia antes de llegar a conclusiones irracionales. ¿Cuáles son las probabilidades reales de que nuestras inquietudes resulten en un cataclismo?

Posiblemente hemos reprobado un examen, dejado de cumplir con una cita médica o nos ha dado miedo durante una presentación, pero nada de eso nos debe convencer de que somos un fracaso.

Para lograr una vida alegre, calmada y autorreflexiva debemos aprender a vivir conscientemente — a vivir según evoluciona el momento presente, a tratar cada momento estresante por separado, a reconocer que sólo morimos una vez, que nuestras más importantes prioridades son ser felices, inspirar felicidad en el prójimo, aliviar el sufrimiento del que sufre y aceptar el amor que se nos extiende.

Consejos para Manejar Situaciones Estresantes2

Te sorprendería saber que el estrés biológico sólo fue descubierto recientemente. No fue hasta finales de los 1950's que el endocrinólogo Hans Selye identificó y documentó el estrés biológico.

Los síntomas del estrés se reconocían mucho antes que los hallazgos de Selye, pero sus estudios han ayudado a millones de personas a lidiar con situaciones estresantes. En este tratado, he recopilado los diez consejos más reconocidos:

Diez Consejos de *Healthline* para Aliviar los Síntomas de Situaciones Estresantes

1. Practica la Concienciación

Por supuesto la concienciación es el consejo más práctico que puedo sugerir para lograr, prácticamente, alivio inmediato. El concepto de "concienciación" es en gran parte un enfoque meditativo y somático destinado a lograr el bienestar mental y corporal que se ha puesto muy de moda recientemente.

2. Escuchar Música

Si estás extenuado debido a una situación estresante, trata de hacer una pausa para escuchar música relajante

— recordando que la música relajante emana texturas cálidas y pensamientos de colores suaves. Tocar música calmante evoca efectos positivos en el cerebro reduciendo la presión arterial, los niveles de cortisol (hormona del estrés) y aumentando los niveles de serotonina, oxitocina, la ß-endorfinas y dopamina (las sustancias de "bienestar").

Recomiendo las obras de Bach por el maestro del violoncelo Yo-Yo Ma o quizás algún jazz suave. Si no te gusta la música clásica o el jazz, trata sonidos del océano o de la naturaleza, los cuales evocan las mismas reacciones que la música suave.

3. Platica con un Amigo de Confianza

Cuando te sientas estresado, haz una pausa y llama a un amigo de confianza y platica sobre tus problemas. Las buenas relaciones con amigos o seres queridos son importantes para un estilo saludable de vida.

Personas como éstas son importantes cuando uno está bajo mucha tensión. Unas pocas palabras tranquilizantes, aunque sea por unos minutos, pueden desencadenar muchos cambios de perspectiva.

4. Convérsalo contigo Mismo

A veces el llamar a un amigo no es opción a la mano. En tal caso, el próximo paso sería pararse frente a un espejo y platicar con la imagen que se refleja.

No te preocupes. Suena como una locura, pero simplemente, inténtalo. ¡Por supuesto, no invites al vecino a observarte! Simplemente, dile a la imagen en el espejo por qué te sientes estresado, qué pretendes hacer para completar la tarea pendiente, y lo más importante, déjate saber que todo saldrá bien.

5. Aliméntate Bien

Los niveles de estrés y el consumir una dieta bien balanceada están íntimamente relacionados. Cuando uno se siente extenuado, muchas veces a uno se le olvida alimentarse apropiadamente y recurre a comer comida llena de azúcar o aperitivos grasosos para subirse el ánimo.

Trata de evitar alimentos con un alto contenido de azúcar y planifica por adelantado. Las frutas y los vegetales siempre son buenos. Además, los peces con un alto contenido de ácidos grasos omega 3 reducen los síntomas del estrés. ¡Un buen sándwich de atún es comida para el cerebro!

6. Ríete en Voz Alta

La risa estimula la secreción de las endorfinas, oxitocina y dopamina, las cuales elevan el humor y reducen los niveles de cortisol, epinefrina y norepinefrina.

La risa hace que el sistema nervioso sienta el estado de felicidad. Trata de practicar el yoga de la risa.[3]

7. Toma Una Infusión de Té

Una copiosa dosis de cafeína provoca una elevación de corto plazo en la tensión arterial. También puede causar que el eje hipotalámico-pituitario- suprarrenal se mueva a un estado de hiperactividad.

En vez de café o bebidas energéticas, es mejor tomar té verde. Contiene la mitad de la cafeína que el café y antioxidantes saludables, así como tiamina, un aminoácido que calma el sistema nervioso.

8. Haz ejercicio

El ejercicio no necesariamente significa levantar pesas en un gimnasio o entrenar para una maratón. Una sencilla caminata alrededor de la oficina o simplemente pararse y estirarse durante un descanso en el trabajo suele aliviar inmediatamente una situación estresante.

Al circular la sangre se estimulan todas las funciones del cuerpo y la secreción de las endorfinas, las cuales elevan el sentido de humor casi inmediatamente. ¡Ejercita el cuerpo, aunque sea por uno o dos minutos, por un total de 30 minutos cada día!

9. Duerme Mejor

Todos sabemos que el estrés puede causar problemas con la conciliación y el mantenimiento del sueño. Desafortunadamente, la carencia de sueño es una de las causas principales del estrés. Este círculo vicioso puede causar que el ritmo cerebro-corporal se desincronice — algo que empeora con el tiempo.

Asegúrate de dormir las siete a ocho horas recomendadas por la mayoría de los médicos. Apaga el televisor, baja las luces y toma tiempo para relajarte antes de acostarte. Quizás es el más práctico reductor de estrés en nuestra lista — conciliar y mantener el sueño.

10. Respira Lentamente

La recomendación "respira profundamente" quizás suene como un cliché, pero es la realidad cuando se trata de estrés. Por siglos, los monjes budistas han deliberadamente prestado plena atención a su respiración durante su meditación. Para un ejercicio sencillo de tres a cinco minutos, siéntate en una silla con tu columna derecha, los pies bien plantados en el suelo y tus manos boca abajo sobre tus rodillas. Inhala a través de las fosas nasales y exhala lentamente a través de la boca observando la expansión y contracción del abdomen. (Refiérase al Capítulo 3.)

Mientras que la respiración leve puede causar estrés, la respiración profunda ayuda a oxigenar la sangre, a concentrarte y calmar tu mente.

Conclusión

Nunca olvides que contamos con un nacimiento, una vida y una muerte. Nacimos para lograr una vida feliz, calmada y autorreflexiva, y por eso tenemos que aprender a prestar plena atención — a vivir la vida según evoluciona de momento a momento, a tratar cada situación estresante por separado, reconocer que morimos una sola vez y que la prioridad más importante es ser feliz, inspirar felicidad en el prójimo, aliviar el sufrimiento del que sufre, ser amado y abrazar al que nos extiende su amor y su abrazo.

Es nuestra razón de existir y no algo que debemos hacer cuando tenemos tiempo libre o cuando nos es conveniente.

Cualquier otra cosa que hagamos es inútil si no es para el bienestar de la humanidad.

Hay que atender el huerto que cultivamos, rociarlo con cariño, nutrir los retoños con ternura, sin plaguicidas de odio y rencor. No descuidemos el madrigal que hemos cultivado.

El retoño[4]

Aparenta ser nada… ¿lo es?
¿Qué puede hacer
este transitorio ente de la Naturaleza?
Cuando el descuidado jardín
es fertilizado y desyerbado
y el retoño brota, entonces y sólo
entonces sabrá
lo que este efímero ente de la
naturaleza puede hacer
~ la faena, la exclusiva faena
que sólo el retoño puede hacer.
Lo que el retoño está destinado a hacer.
Lo que al retoño le encanta hacer.

{10}

¿EL ESTRÉS CAUSA CÁNCER?

Reduzcamos nuestros niveles de estrés inmediatamente reconociendo que existe muy poca, si alguna, prueba científica de que el estrés cause cáncer.

Como ya hemos indicado, nuestros cuerpos pueden manejar pequeñas o esporádicas dosis de estrés. No obstante, el estrés crónico puede resultar en trastornos serios, incluyendo ansiedad, depresión, obesidad, presión arterial alta y trastornos cardíacos. (Refiérase al Capítulo 9.)

En cuanto al estrés y cáncer, una mejor pregunta sería si el estrés puede poner a la persona en riesgo de contraer cáncer. El cáncer es una enfermedad compleja atribuible a factores ambientales y hereditarios. La persona puede desarrollar diversos tipos de cáncer, no importa cuántos pasos preventivos dé, mientras que otros tipos dependen de las acciones y comportamientos de las personas. Algunos tipos de cáncer son causados por determinados comportamientos y por la manera en que optamos por manejar el estrés, la cual nos pone en un mayor riesgo de contraer estos tipos de cáncer.

Formas Inapropiadas de Lidiar con el Estrés y Cómo el Estrés puede Provocar el Cáncer

Frecuentemente el estrés puede provocar comportamiento nocivo. Estos incluyen, apetito descontrolado, falta de buena nutrición, el consumo de alcohol, drogas o tabaco, así como el no hacer ejercicio o dormir adecuadamente, para nombrar algunos.

Se ha confirmado que muchos de estos comportamientos nocivos exacerban ciertos tipos de cáncer. Por ejemplo, el consumo de alcohol te pone en un mayor riesgo de desarrollar cáncer de la boca, la laringe, el estómago y el hígado. Casi todos sabemos que el tabaquismo causa cáncer de los pulmones ya que el tabaco afecta las vías respiratorias y los alvéolos pulmonares. El tabaquismo también está relacionado con cáncer de la vejiga urinaria, la sangre (leucemia mielógena aguda), el cuello uterino, el intestino grueso (colorrectal), el esófago, el estómago, los riñones y uréter, la laringe, el hígado, la orofaringe (incluso partes de la garganta, lengua, paladar blando y amígdalas), el páncreas y la tráquea (incluyendo los bronquios). La mayor parte del sistema respiratorio, desde las fosas nasales, a través de los bronquios está cubierto por un epitelio cilíndrico ciliado y pseudoestratificado con células caliciformes.

Los bronquiolos están cubiertos por el epitelio cúbico. (En cambio, los alvéolos están revestidos por un epitelio escamoso simple muy fino.)

Una investigación reciente en Estados Unidos reveló que cerca de un millón de casos nuevos de cáncer en hombres y mujeres fueron atribuibles a sobrepeso u obesidad.1 Entre éstos figuran cáncer de la vejiga biliar y del esófago, para nombrar algunos.

El estrés crónico perjudica nuestro sistema inmunológico, haciéndonos más susceptibles a desarrollar ciertos tipos de cáncer.

CAPÍTULO DIEZ

El estrés también puede causar que nos olvidemos de revisar nuestros cuerpos para ver si hay nódulos cancerosos en los senos o testículos — signos tempranos del cáncer. Reconocer y buscar maneras saludables de lidiar con el estrés es vital para mantener el bienestar de nuestros cuerpos y mentes y así evitar la probabilidad de desarrollar cáncer.

Maneras Saludables de Lidiar con el Estrés y Evitar el Cáncer

El primer paso para lidiar con el estrés es reconocer su fuente. El próximo paso sería eliminar los estresores, lo cual frecuentemente es difícil y en muchos casos imposible. Si tu situación es sumamente estresante, es importante que pienses y organices un plan para lidiar con las causas de la situación estresante.

Aprende a evitar o a prepararte para enfrentar las situaciones estresantes. Si tu estrés te produce demasiada ansiedad o angustia, pregúntate si debes considerar cambiar tu modo de pensar. Mientras piensas en cómo modificar tu modo de pensar, es sumamente importante que observes buenos hábitos de comer y que estés ejercitando tu cuerpo lo suficiente, especialmente con yoga y meditación. Asegúrate de que estás durmiendo lo suficiente. Éstos son hábitos que no sólo te ayudarán a lidiar con el estrés, pero también disminuirán el riesgo de contraer cáncer.

Lidiando con el Estrés Cuando se Sufre de Cáncer

Un diagnóstico de cáncer suele generar muchísimo estrés físico y emocional. A pesar de que muchas de las intervenciones para lidiar con el estrés no curan o mejoran tus probabilidades de sobrevivir, se reconoce que la reducción en los niveles de estrés mediante la concienciación reduce el crecimiento y la propagación del cáncer.

El estrés atribuible al cáncer puede desencadenar en un sentido de desesperanza. Esto puede hacer que muchos pacientes eviten buscar o seguir el tratamiento contra el cáncer. Puede que las intervenciones destinadas a manejar el estrés no cambien tu actitud hacia el cáncer, pero sí pueden mejorar tu calidad de vida.

Tratamientos Contra el Cáncer

Cada año los científicos y los médicos están desarrollando nuevos métodos para tratar el cáncer. Aunque todavía ningún tratamiento ha sido descubierto para lograr su completa curación, muchos procedimientos han logrado llevar al paciente a una completa remisión. La quimioterapia suprime la producción de hormonas de las cuales el cáncer depende para su propagación. Intervenciones quirúrgicas son utilizadas para extirpar tumores cancerosos. La inmunoterapia busca estimular el sistema inmunológico para suprimir el crecimiento canceroso.

La radioterapia intenta destruir células cancerosas o impedir su propagación.

Lo mejor que el paciente puede hacer es recordar que siempre hay esperanza. Los milagros ocurren todos los días según las personas van aprendiendo a superar su enfermedad. Y, el aprender a manejar los niveles de estrés puede ser el primer paso en esta batalla.

11

DIFERENCIA ENTRE PSICOTERAPIA, PSIQUIATRÍA Y ENTRENAMIENTO PERSONAL

Todos necesitamos ayuda para lidiar con el estrés, la ansiedad y los trastornos emocionales en nuestras vidas.

El dilema es decidir qué forma de ayuda es la más conveniente. ¿Un psicoterapeuta, un psiquiatra o un consejero de vida?

Es importante reconocer la diferencia entre estas tres especialidades para que puedas elegir al profesional adecuado.

Psicoterapia

La meta principal de un psicoterapeuta es ayudar con problemas de salud mental, retos emocionales y algunos trastornos psiquiátricos. El psicoterapeuta trata de ayudar al paciente (o cliente) a entender sus sentimientos y enseñarles formas de sentirse positivos, menos ansiosos y deprimidos — cómo aplacar el sufrimiento cotidiano.

Si te sientes derrotado o disfuncional, quizás te convenga consultar con un psicoterapeuta que te ayude a descubrir por qué te sientes así.

La psicoterapia generalmente es necesaria para la persona que necesita resolver problemas que podrían afectar su vida si no fueran tratados.

El psicoterapeuta te preguntará mucho acerca de tu trasfondo personal, tus experiencias durante la niñez y tus relaciones con los demás. Encontrarás que un psicoterapeuta te ayudará a expresar tus emociones y sentimientos. El psicoterapeuta está en control de la situación como el perito en el campo de la terapia.

Normalmente, la psicoterapia es un procedimiento prolongado destinado a resolver problemas de comportamiento, trastornos mentales, condiciones emocionales o comportamiento adictivo. El psicoterapeuta indagará sobre tu pasado para analizar eventos que provocaron problemas que deseas corregir.

Los psicoterapeutas están certificados y autorizados bajo licencia por el estado donde practican. Se les requiere obtener cierto nivel de educación y capacitación y tienen que seguir validando sus credenciales a través de educación continua.

Si sufres de algún trastorno mental, tal como abuso de sustancias, problemas de relaciones, la pérdida de un ser querido, o has sufrido algún evento traumático en el pasado (TEPT) o abuso repetitivo (C-TEPT), debes considerar consultar a un psicoterapeuta autorizado con licencia.

La Psiquiatría

Según la *American Psychiatric Association*, la "Psiquiatría es la rama de la medicina que se concentra en el diagnóstico, tratamiento y prevención de trastornos mentales, emocionales y de comportamiento.

El psiquiatra es un doctor en medicina (M.D ó D.O.) que se especializa en la salud mental, incluyendo trastornos relacionados con el abuso de sustancias. Los psiquiatras están calificados para evaluar los aspectos mentales y físicos de los problemas psicológicos".

Las personas acuden a los psiquiatras por diversos motivos. Los problemas pueden surgir repentinamente, tales como los ataques de pánico, las alucinaciones aterradoras, las tendencias al suicidio o a escuchar "voces". También pueden ser trastornos a largo plazo, tales como sentimientos de tristeza, desesperación o ansiedad que nunca parecen desaparecer o trastornos de la vida cotidiana que aparentan estar distorsionados o fuera de control. Los psiquiatras ayudan a los pacientes mediante la evaluación de sus condiciones psicosociales y médicas, desarrollando e implantando protocolos de tratamiento, incluso recetando medicamentos psicotrópicos, monitoreando y evaluando los resultados del tratamiento.

Consejería de Vida

La consejería de vida es una táctica de corto o largo plazo, dependiendo de los objetivos deseados. El consejero de vida es un profesional que ayuda al cliente a lograr objetivos establecidos mutuamente, derivados de obstáculos y rasgos personales que impiden al cliente alcanzar los resultados deseados. El consejero de vida se enfoca en el futuro, en optimizar rendimiento y en establecer metas con las cuales el cliente puede lograr su verdadero potencial. El cliente debe acudir a un consejero de vida si desea optimizar su estilo de cotidianidad. Con él o ella tendrá que concentrarse en lo que está pensando y en cómo va a responder para lograr los resultados deseados. El consejero de vida colaborará e interactuará contigo como un socio para lograr las metas que hayan fijado entre los dos.

En algunos casos descubrirás que resulta útil consultar primero con un psicoterapeuta y luego con un consejero de vida. El psicoterapeuta puede encargarse inicialmente de los problemas del pasado y el consejero de vida luego podrá ayudarte a desarrollar un futuro más saludable. El psicoterapeuta te ayudará a explorar tu sufrimiento emocional y angustia antes de comenzar a recobrar la energía necesaria para aprender a tomar control sobre tu vida personal. Ahora, si te sientes saludable y sin muchos problemas y opinas que no necesitas la intervención de un psicoterapeuta, busca un consejero de vida certificado. Este sabrá qué preguntarte y te ayudará a diseñar un plan eficaz para ayudarte a alcanzar tus metas.

Te ayudará a reforzar un estado mental positivo que te ayudará a creer más en ti mismo. Está disponible para ayudarte con una amplia gama de problemas — rebajar de peso, cambiar de profesión, agotamiento profesional, ansiedad, fatiga, deseas lograr mayor rendimiento en una determinada actividad, incrementar tu estabilidad económica, lidiar con tu ira o hasta matricularte en el Programa de Prevención de Comportamiento Adictivo Mediante la Concienciación.

Si eres capaz de recibir críticas constructivas, el consejero de vida puede ayudarte, mediante evaluaciones honestas, a cambiar lo que necesites modificar en tu vida para alcanzar tus metas. Si no estás dispuesto a aceptar críticas constructivas, mejor no acudas a un consejero de vida. Mejor consulta a un psicoterapeuta primero para determinar que está causando este problema. Si padeces de ansiedades o fobias que te impiden alcanzar tus metas, es mejor que comiences con un psicoterapeuta que te ayude a identificar la causa de esas ansiedades o fobias.

Conclusión

No importa a cuál acudas, ya sea a un psicoterapeuta, a un psiquiatra o a un consejero de vida, la concienciación es una destreza necesaria para balancear las funciones cerebrales cognitivas y emocionales. Esto se logra prestando atención deliberadamente, ubicándose en el momento presente y sin juzgar, y observando cómo se despliega la experiencia de momento a momento. Por lo tanto, es necesario que el consejero de vida, el psicoterapeuta o el psiquiatra, en conjunto con el cliente, se embarquen en una rutina habitual de practicar la concienciación profunda para que la mente y el punto de vista del cliente cambien de verdad.

Azulejos[1]

Pequeñitos azulejos
de diferentes colores,
contornos y formas.

¿Qué sería del mosaico
de nuestra
existencia sin
vosotros?
Sobrios o ebrios,
desde que nacemos,
nos tornamos en azulejos
encajados en mosaicos
de…

Escenas de amantes o
Escenas de esquizofrénicos,
enloquecidos demonios,
en búsqueda de lo inalcanzable.

12

CONCIENCIACIÓN PARA LA REDUCCIÓN DE DOLOR FÍSICO

Si sufres de dolor intenso y crónico, sabes que a veces es intolerable. Los estragos físicos, emocionales y espirituales de sufrir de dolor crónico son inconcebibles.

Pero aún más brutal es el hecho de que el reposar y los medicamentos sólo logran aliviar el dolor hasta cierto punto. Recientemente, muchos médicos y profesionales de la salud están reconociendo que la concienciación suele ser un complemento eficaz para controlar el dolor o hasta una buena alternativa de los fármacos que requieren receta médica.

Tratamientos Clásicos para el Dolor y Enfermedades Crónicas

No es ningún secreto que una buena dieta, un ejercicio moderado y el descanso son altamente recomendados por los médicos como medidas eficaces para aliviar el dolor crónico y ciertas enfermedades. De hecho, cuando la persona sufre de dolor crónico o de ciertas enfermedades, estos son lo primero que los médicos recomiendan.

Frecuentemente, además de estas medidas, muchos médicos acostumbran a recetar analgésicos a base de opioides de corto a largo plazo.

Conforme a la *American Academy of Pain Medicine* el dolor afecta a más estadounidenses que la diabetes, los trastornos cardíacos y el cáncer todos juntos.[1] Además, de tres a cuatro por ciento de los estadounidenses se les recetan opioides a largo plazo para diversos padecimientos, tales como artritis, migrañas, esclerosis múltiple, fibromialgia, problemas de la espalda y los efectos secundarios del cáncer, para nombrar algunos.

No obstante, según la publicación, *Center for Disease Control and Prevention Guideline for Prescribing Opioids for Chronic Pain*[2], la abundancia de recetas de opioides presenta un riesgo médico y social serio al paciente. La profesión médica ha observado tres problemas mayores:

1. Los productos farmacéuticos presentan una carga financiera significativa para los usuarios, que además dependen excesivamente de estos fármacos para el alivio de sus problemas médicos.

2. Se calcula que sólo en el año 2013, 1.9 millones de personas abusaron o se convirtieron en adictos a los fármacos opioides recetados.

3. Desde 1999 hasta 2014, unas 165,000 personas fallecieron debido a sobredosis relacionadas con fármacos opioides recetados.

En 2014, la Administración de Control de Drogas (DEA, por sus siglas en inglés) reclasificó la hidrocodona, un opioide popularmente recetado, a la Clase II debido a su alto riesgo de mal uso y abuso.

La Administradora de la DEA, Michele Leonhart, declaró sobre este cambio, "La acción de hoy reconoce que estos productos son potencialmente los fármacos recetados más adictivos y peligrosos disponibles al público".

Debido a que los riesgos superan los beneficios de la mayoría de los fármacos recetados para el dolor, el CDC está recomendando nuevas estrategias para el tratamiento del dolor crónico:

- Optimizar la seguridad y eficacia y reducir los riesgos de la terapia a largo plazo con opioides.
- Recetar al paciente la dosis eficaz mínima.
- Detenidamente determinar los riesgos y beneficios al considerar aumentar las dosis.

Fármacos contra el Dolor vs. Meditación

Aquí es donde la concienciación para el alivio del dolor interviene.[3] Mientras que los analgésicos alivian el dolor a nivel molecular eludiendo los receptores opioides en el cerebro, estudios han demostrado que el uso de placebos, de control de atención (meditación) y modulación del dolor pueden afectar los mismos receptores. En varios casos, se ha demostrado que el efecto analgésico de la concienciación es mucho más potente que el de otras intervenciones.

Ensayos clínicos han demostrado que las intervenciones de concienciación reducen el dolor crónico hasta un cincuenta y siete por ciento (57%).

Meditadores con vasta experiencia han logrado reducir el dolor crónico hasta en un noventa por ciento (90%). Las intervenciones de concienciación calman las funciones cerebrales involucradas en el dolor subyacente. El cultivo y la práctica consistente de la concienciación efectúan cambios en la estructura y el funcionamiento básico del cerebro de tal manera que la persona enfrenta su sufrimiento con una actitud diferente. *El tratamiento preferido para el dolor crónico es la terapia que no depende de los fármacos opioides.*

La evidencia es muy clara que la práctica consistente de la concienciación es un mecanismo sumamente potente para combatir enfermedades crónicas y sus efectos secundarios. Veamos los hallazgos científicos.

Dolor Primario vs. Dolor Secundario

Los profesionales en el campo médico están estudiando el concepto de dolor primario y secundario:

- **Dolor primario:** Sufrimiento atribuible directamente a una enfermedad o lesión.
- **Dolor secundario:** La reacción mental o perspectiva sobre el dolor primario, que puede ser mucho más intensa y mucho más perdurable.

Esto significa que el cerebro siente el dolor, pero puede analizar cómo detener el sufrimiento y evitar la miseria en el futuro. Es decir, que es la rumiación (reflexión prolongada y obsesiva) frente al dolor lo que intensifica la experiencia del sufrimiento y lo que la hace perdurar.

Escanogramas del cerebro de personas que sufren de dolor crónico demuestran más zonas cerebrales enfocadas en el dolor. Es decir que estas zonas cerebrales están subiendo el "volumen" de la experiencia de la molestia y sufrimiento.

Y, para empeorar la situación, el cerebro recuerda dichas situaciones y ocasiona un ciclo de sospecha-estrés-tensión-sufrimiento, el cual es muy difícil de romper.

Además, se reconoce que el estrés puede debilitar el sistema inmunológico, situación que resulta en más enfermedad y más sufrimiento. Todo esto culmina en una experiencia de sufrimiento más intensa, porque la mente se ha preparado para sufrir más dolor de lo necesario.

Concienciación y Yoga para Lidiar con Fibromialgia

Las características de la fibromialgia abarcan dolor crónico, dolores de cabeza y trastornos del sueño. Si sufres de fibromialgia, estás entre los diez millones de estadounidenses que padecen de esta enfermedad crónica.[4]

Los Síntomas de la fibromialgia

Todavía queda mucho por conocer sobre la fibromialgia y cómo se manifiesta. Los hallazgos más recientes indican que muchas personas están genéticamente predispuestas a la enfermedad, lo que significa que la misma se activa por causa del estrés agudo o por un evento traumático, tal como un accidente automovilístico o lesión de movimiento repetitivo.

En resumen, la fibromialgia es un trastorno de dolor crónico, pero en el fondo es una condición mucho más complicada. Episodios de la enfermedad involucran dolor intenso en las coyunturas y los músculos, dolores de cabeza, náuseas y fatiga severa — síntomas que pueden hacer imposible llevar a cabo las más simples actividades de la vida diaria. La fibromialgia está relacionada con dolor catastrófico y disfunción simpatovagal, así como sumación temporal amplificada atribuible al dolor evocado.

Es una enfermedad frecuentemente difícil de entender debido a que el paciente puede pasar días o semanas sin síntoma alguno y de repente sufrir un episodio imprevisto y decepcionante. Debido a la impredecible naturaleza de los síntomas, la fibromialgia puede ser sumamente aislante y causar mucha ansiedad y depresión. Tiende a crear ciclos de negatividad difíciles de superar.

Tratamientos para fibromialgia

A los médicos y terapeutas se les ha hecho difícil ordenar protocolos de tratamiento específicos debido a la índole multifacética de la fibromialgia. Los fármacos disponibles se prestan para aliviar el dolor y calmar el sistema nervioso. Se entiende que ciertos alimentos desencadenan los síntomas, por lo tanto, una dieta baja en azúcar y sin alimentos procesados pueden ayudar a evitar las recaídas.

Se ha demostrado que los masajes y la acupuntura reducen los niveles del dolor y el estrés.

Cómo la Concienciación y el Yoga Pueden Ayudar

La combinación de la meditación y el yoga para aliviar los síntomas de la fibromialgia son un complemento perfecto para manejar los síntomas y aumentar el alivio contra la depresión y el dolor crónico relacionados con la enfermedad. Como la fibromialgia causa daño físico, mental y emocional, el yoga es el ejercicio obvio, ya que el yoga puede tener un efecto positivo sobre las tres dimensiones de la enfermedad — dolor, ansiedad y depresión.

Como uno de nuestros clientes indicó, "Desde que comencé a tomar tus clases de yoga, los síntomas de mi fibromialgia han disminuido significativamente".

El dolor muscular de la fibromialgia causa tensión, lo cual resulta en la contracción de los músculos. Una sesión de yoga suave puede ayudar a estirar y relajar los músculos. El yoga puede ser el primer paso para aliviar el dolor atribuible a la fibromialgia.

Mediante imágenes del cerebro los científicos han demostrado que los pacientes que sufren de fibromialgia procesan el dolor de forma diferente a los que no son afectados, debido a la hipersensibilidad del sistema nervioso.[5]

Estos científicos han demostrado que los ejercicios de respiración calman el sistema nervioso y tranquilizan la mente.

El dolor crónico causa que el cuerpo del paciente se encuentre en un estado constante de "lucha o huida", lo cual afecta a la reacción vasovagal, así como otras funciones metabólicas. Para reiterar, las intervenciones de concienciación reducen la secreción de cortisol, epinefrina y norepinefrina e incrementan la secreción de serotonina y oxitocina, activan el sistema nervioso parasimpático y ayudan al cuerpo a regresar al estado de, *descansar-relajar-digerir*.

En este estado, el paciente está mejor preparado para lidiar con el dolor, sufrimiento físico y estrés emocional. El yoga y la meditación interrumpen la índole cíclica de estrés-dolor-depresión relacionada con la fibromialgia.

El Mejor Estilo de Yoga para la Fibromialgia

No obstante, como todo protocolo de ejercicio, debes consultar a tu médico antes de emprender cualquier programa de yoga. Estas son algunas sugerencias para comenzar:

- El Yoga de Estiramiento Profundo: Este estilo te permite relajar y estirar los músculos conforme a las limitaciones y necesidades de tu cuerpo.
- Yoga Basada en el Escaneo del Cuerpo: La fibromialgia puede ser una actividad aterrorizante para intentar conectar con las diversas partes de tu cuerpo. La meditación

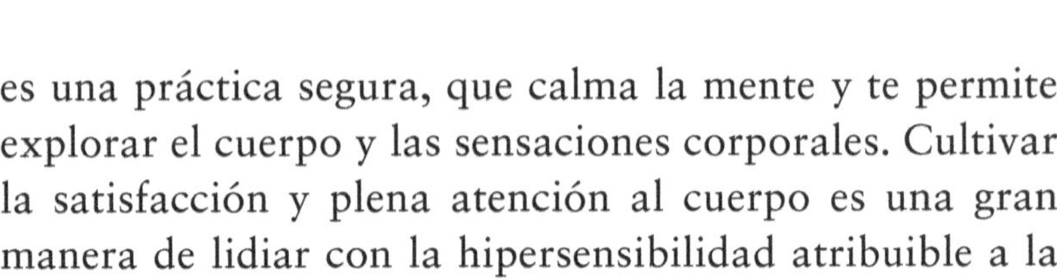

es una práctica segura, que calma la mente y te permite explorar el cuerpo y las sensaciones corporales. Cultivar la satisfacción y plena atención al cuerpo es una gran manera de lidiar con la hipersensibilidad atribuible a la fibromialgia.

- El Yoga Restaurativo: Este estilo se vale de soportes ("props") que sostienen posturas de yoga para que el cuerpo pueda relajarse completamente durante las posturas y los ejercicios de respiración (*asanas* y *pranayama*, respectivamente). Optimiza los beneficios de las posturas sin causar demasiada tensión física o mental.

- Yoga Nidra: Optimiza la habilidad de prestar plena atención al cuerpo, la mente y estado emocional. Además, es una intervención magnífica para conciliar y mantener el sueño.

Tienes que recordar lo siguiente antes de comenzar un programa de yoga para aliviar los síntomas de la fibromialgia.

- Comienza despacio. Esto te permitirá ser cuidadoso con tu cuerpo y reconocer los límites específicos de las diferentes partes del cuerpo, a fin de evitar las exacerbaciones de dolor o sufrir recaídas. Evita las posturas agotadoras hasta que hayas desarrollado fortaleza y resistencia. Ten paciencia y ejercítate hasta que puedas practicar por una hora completa. ¡Incluso, hasta cinco minutos a la vez para comenzar, ofrece beneficios increíbles!

- Practica el yoga para fibromialgia con un instructor calificado. Nunca permitas que el instructor se olvide de tus limitaciones, para que puedas acomodar tus posturas apropiadamente utilizando los soportes ("props").

- Trata de no comer nada, por lo menos, una a dos horas antes de la clase. Esto puede ayudar a evitar las náuseas relacionadas con la fibromialgia.

- Mantén el cuerpo caliente. Si lo consideras necesario, toma un baño con agua tibia ante de acudir a clase y abrígate bien. La musculatura se relaja y estira mejor si está tibia y si deseas estar lo más cómodo posible. Así podrás concentrar en la postergación de sensaciones físicas y emociones mentales.
- Hasta en días cuando no te sientas animado para practicar las posturas físicas (los asanas), siéntate tranquilamente, por lo menos unos minutos cada día y concéntrate en la respiración — ejercicio que induce beneficios maravillosos. La respiración diafragmática optimizará tu capacidad de lidiar con el dolor y aclarar la mente. También calmará tu sistema nervioso para que el estrés no intensifique tus síntomas.
- Un enfoque sutil y consciente en el tratamiento es importante para toda persona que sufre de fibromialgia.
- Un ambiente seguro y de apoyo es esencial para lograr escapar del estrés y el dolor.

Posiblemente, la meditación y el yoga sean las mejores intervenciones para el tratamiento de la fibromialgia.

Y como otro de nuestros clientes recalcó —

> *"El mejor tratamiento que he recibido para batallar contra los dolores, estrés y disociación de mi fibromialgia han sido sus clases de yoga y meditación. Dr. Casellas, se lo agradezco en el alma".*

Explorando lo que Está Sucediendo en el Cerebro Durante un Episodio de Dolor

La exploración de la sensación de dolor puede ser lo último que desees hacer cuando todo en lo que puedes concentrarte es en el dolor y cuánto deseas que este cese. Sin embargo, esto es precisamente lo que debes hacer para comenzar a aliviar los síntomas de la fibromialgia.

Recuerda —

"La resistencia provoca la persistencia mientras que la concienciación induce la sanación."

Al prestar plena atención a tus batallas contra los síntomas, tu cerebro aprende a borrarlos de la memoria.

Fundamentalmente, la concienciación en lo que está sucediendo en tu mente y percibiendo lo que sientes en tu cuerpo te permiten detener el ciclo vicioso del dolor casi inmediatamente. Tu cerebro reconoce el ciclo vicioso y tú puedes responder apropiadamente a interrumpir el proceso, a "bajar el volumen" de la sensación o a hasta eliminar el dolor por completo.

Conclusión

Recientemente, un significativo número de estudios han demostrado que la concienciación reduce los niveles de estrés a través de una amplia gama de trastornos crónicos. Además, la introducción de la tecnología de toma de imágenes neurológicas revela las zonas específicas del cerebro que son afectadas por la práctica de la *analgesia basada en la concienciación*.

La choza de percepciones erróneas[6]

Andemos hacia la choza de
percepciones erróneas.

Caminemos sobre
aquella vereda
de fétido hedor
hacia la choza vacía
llena del dolor y
sufrimiento engañoso
que nos atormenta
con sus sombrías
y engañosas ilusiones
para enfrentar
el sonido de trompetistas
soplando estresantes fantasmas
que enturbian la psique.

Entremos en esa choza
vacía a desafiar
aquel espejo sin rostro
montado en la pared
para observar
los descartados irrefrenables
deseos y tormentosas sospechas.

{13}

INSOMNIO, APNEA DEL SUEÑO Y LA CONCIENCIACIÓN

El sueño juega un papel importantísimo para una vida saludable, la supervivencia y la felicidad en general.

Si padeces de insomnio o apnea del sueño, la privación de sueño profundo puede ser nocivo para tu salud general.[1]

La somnolencia fue un factor importante en algunos de los mayores desastres de la historia reciente: en 1979 el accidente nuclear en "Three Mile Island"; el derrame de petróleo del "Exxon Valdez", la fusión nuclear en "Chernóbil" en 1986, para nombrar algunos.

Pero la falta de sueño es un gran peligro para la seguridad pública. Es la causa de muchos accidentes automovilísticos. La somnolencia puede disminuir el tiempo de reacción tanto como si estuvieras conduciendo bajo la influencia de alcohol. La *National Highway Traffic Safety Administration* calcula que dicho tipo de fatiga causa 100,000 accidentes automovilísticos y 1,500 muertes relacionadas con los accidentes anualmente en EUA.

El problema es peor entre los menores de 25 años.

Sabemos que la falta de sueño y el sueño de insuficiente calidad también resulta en accidentes y lesiones laborales. Un estudio demostró que los trabajadores que se quejaron de somnolencia ocupaban trabajos más exigentes, particularmente accidentes de tareas repetitivas. También se ausentaban más de sus trabajos debido a licencia por enfermedades atribuibles a accidentes laborales.

Datos Importantes Acerca del Sueño

Primero: La pérdida de sueño causa agotamiento.

El sueño juega un papel sumamente importante en el pensar y aprender apropiadamente. La carencia de sueño afecta los procedimientos cognitivos de diversas maneras. Primero, perjudica la atención, la vigilancia, la concentración, el razonamiento y la solución de problemas. Torna el aprendizaje más difícil.

Segundo: Durante la noche, diversos ciclos del sueño juegan un papel importante en la consolidación de los recuerdos en la mente. Si no duermes lo suficiente, no podrás recordar lo que has aprendido y observado durante el día.

Tercero: La carencia de sueño puede resultar en problemas de salud serios y la carencia crónica de sueño puede ponerte en riesgo de:
- Trastornos cardiacos
  - Ataque al corazón
  - Insuficiencia cardíaca.
  - Pulso irregular.
  - Presión arterial alta.
  - Accidente cerebrovascular isquémico (derrame cerebral)
- Diabetes.

Según diversos estimados, un noventa por ciento (90%) de las personas que sufren de insomnio — trastorno del sueño caracterizado por problemas con la conciliación y mantenimiento del sueño — también padecen de otra condición.

Cuarto: La Carencia de Sueño Causa Problemas de la Líbido.

Los especialistas que se dedican a estudiar los patrones del sueño indican que los hombres y mujeres que no duermen bien reportan libidos disminuidos y menos interés en la actividad sexual. La energía agotada, la somnolencia y el aumento en los niveles de estrés pueden ser, en gran parte, la causa.

Para el hombre, otro factor que puede impedir el interés sexual puede ser la apnea del sueño — trastorno respiratorio que interrumpe el sueño. También se reconoce que el nivel de testosterona es bajo en muchos hombres que padecen de la apnea del sueño, especialmente durante la noche.

Quinto: La Somnolencia Causa Depresión

Con el tiempo, la carencia de sueño y los trastornos del sueño pueden contribuir a los síntomas de depresión. En el año 2005, en una encuesta "Sleep in America" se descubrió que las personas diagnosticadas con depresión y ansiedad eran más propensas a dormir menos de seis horas por cada noche.

El trastorno de sueño, el insomnio, es el más comúnmente relacionado con la depresión clínica. En 2007, una investigación de 10,000 personas demostró que las que sufrían de insomnio, eran cinco veces más propensas a sufrir de depresión que las que dormían bien.

De hecho, el insomnio es uno de los primeros síntomas de la depresión clínica.

El insomnio y la depresión son congruentes. La falta de sueño frecuentemente empeora los síntomas de la depresión y la depresión hace más difícil la conciliación y mantenimiento de sueño — por lo tanto, la congruencia. Como aspecto

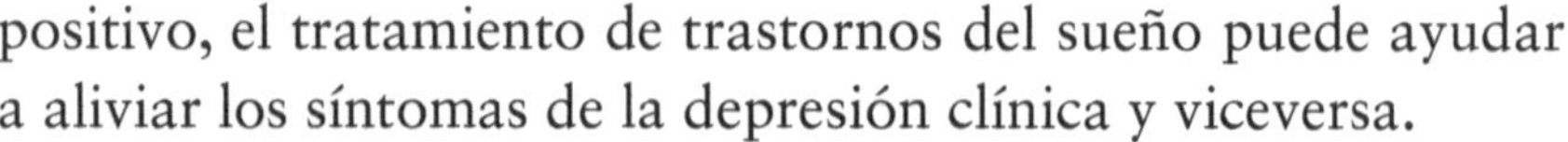

positivo, el tratamiento de trastornos del sueño puede ayudar a aliviar los síntomas de la depresión clínica y viceversa.

Sexto: La Falta de Sueño Envejece la Piel

La mayoría de las personas que han pasado noches sin dormir bien demuestran piel cetrina y ojos hinchados. De hecho, la persona que pasa noches sin dormir noche tras noche luce piel desvitalizada, así como líneas finas y círculos oscuros debajo de los ojos.

Cuando no duermes lo suficiente, el cuerpo comienza a segregar más y más de la hormona del estrés, el cortisol. Las excesivas secreciones de cortisol suelen descomponer el colágeno de la piel, la proteína que mantiene la suavidad y elasticidad de la piel.

La falta de sueño también aplaca la secreción de la hormona del crecimiento. De jóvenes la hormona del crecimiento humano promueve nuestro desarrollo. A medida que envejecemos, la hormona fomenta el aumento en la masa muscular, el engrosamiento de la piel y la potencia de los huesos.

"Es durante el sueño profundo — lo que llamamos sueño de onda lenta — que secretamos la hormona de crecimiento", conforme al perito en el sueño, Phil Gehrman, Ph.D. "Aparentemente es parte normal de la reparación de tejido — reparación del desgaste del cuerpo que ocurre durante el día".

Séptimo: La Somnolencia Causa Pérdida de la Memoria

¿Estás tratando de mantener la agudez de tu memoria? Trata de dormir lo suficiente.

En el año 2009, unos investigadores estadounidenses en colaboración con un grupo de científicos franceses determinaron que ciertos eventos, denominados "sacudidas de ondas agudas" (conocidas en inglés como "sharp wave ripples") fomentan la conciliación de la memoria.

Las sacudidas de ondas también transfieren información aprendida desde el hipocampo al neocórtex del cerebro, donde se almacenan las memorias de largo plazo.

Las sacudidas de ondas agudas ocurren primordialmente durante las etapas de sueño profundo.

Octavo: La Falta de Sueño puede Causar Aumento de Peso

Cuando se trata del peso del cuerpo, puede ser que "si duermes, pierdes". La falta de sueño aparenta estar relacionada con el hambre, el apetito y posiblemente con la obesidad.

De acuerdo con un estudio del año 2004, los que durmieron menos de seis horas al día eran casi un treinta por ciento (30%) más propensos a ser obesos que los que durmieron de siete a nueve horas.

Estudios recientes se han enfocado en el vínculo entre el sueño y los péptidos "grelina, que estimula el apetito y leptina que señala al cerebro el estado de saciedad, suprimiendo el apetito", según Siebern.

"Períodos cortos de sueño están relacionados con reducciones en leptina e incrementos en grelina".

No sólo el sueño aparenta estimular el apetito, pero también estimula el antojo de alimentos con un alto contenido de grasa y carbohidratos.

Estudios en curso están considerando si el sueño adecuado debería ser un tema estándar de los programas de pérdida de peso.

Noveno: La Falta de Sueño Puede aumentar el Riesgo de Muerte

En el estudio "Whitehall II Study", unos investigadores británicos analizaron cómo los patrones del sueño afectaron las tasas de mortalidad en más de 10,000 funcionarios británicos sobre el transcurso de dos décadas. Los resultados, publicados en 2007, demostraron que los que habían disminuidos sus horas de sueño de siete a cinco horas por noche o menos duplicaron su riesgo de muerte independientemente de la causa. Particularmente interesante, fue el hecho de que la falta de sueño duplicó el riesgo de muerte atribuible a trastornos cardíacos.

Décimo: La Falta de Sueño Deteriora el Juicio

Sin dormir bien no podemos interpretar correctamente los eventos de la vida cotidiana. La falta de sueño deteriora nuestra capacidad de juzgar apropiadamente porque no podemos evaluar la situación correctamente y actuar sensatamente.

Las personas que no duermen bien aparentan ser especialmente propensas a juzgar incorrectamente, especialmente cuando tratan de analizar las consecuencias de la carencia de sueño. En el mundo tan acelerado en que vivimos, el dormir menos y menos se ha convertido en un tipo de medalla de honor. Pero los especialistas en los trastornos del sueño nos recalcan que, si crees que te va mejor durmiendo menos, probablemente estés equivocado. Y si tu profesión exige que juzgues imparcialmente tu nivel de funcionamiento, esto puede ser un gran problema.

Según Gehrman, los hallazgos demuestran que los que duermen seis horas o menos, en vez de las siete u ocho horas recomendadas, comienzan a adaptarse a esa privación del sueño — se han acostumbrado.

"Pero si analizas su rendimiento en pruebas de estado de alerta mental, ellos continúan reprobando las pruebas. Llega el punto en que la privación del sueño resulta en que perdemos la noción de la deficiencia que sufrimos".

Quizás has oído de algunos consejos para conciliar y mantener el sueño, tales como limitar el consumo de cafeína y alcohol, ejercitar el cuerpo diariamente y evitar la exposición a luz artificial antes de acostarte. Pero ahora se reconoce que la concienciación antes de acostarse puede ayudarte a conciliar y mantener el sueño y hasta eludir los síntomas de la apnea del sueño.

Apnea del Sueño

La apnea del sueño es un trastorno serio que imprevistamente interrumpe la respiración durante el sueño, resultando en la somnolencia durante el día, así como otros problemas de salud.

Conforme a un reporte de la Clínica Mayo,[2] esto ocurre cuando los músculos de la parte posterior de la garganta se relajan.

Estos músculos estabilizan el paladar blando, la pieza triangular de tejido que cuelga del paladar blando (la úvula), las amígdalas, las paredes laterales de la garganta y la lengua.

El reporte señala tres tipos principales de la apnea del sueño:

- **Apnea del sueño obstructiva:** El tipo más común que ocurre cuando los músculos de la garganta se relajan.
- **Apnea del sueño central:** La cual ocurre cuando el cerebro no envía las señales apropiadas a los músculos que controlan la respiración.
- **Síndrome de la apnea del sueño compleja:** También conocida como apnea del sueño central de tratamiento emergente, la cual ocurre cuando el paciente sufre de ambas, apnea del sueño obstructiva y apnea del sueño central.

Los signos y síntomas de la apnea del sueño obstructiva y central coinciden uno con el otro, y a veces es difícil determinar qué tipo de apnea sufres. Los signos y síntomas más comunes la obstructiva y central son:

- Ronquidos nocturnos fuertes.
- Episodios durante los cuales el paciente deja de respirar durante el sueño — lo cual puede ser reportado por otra persona.
- Esfuerzos por recuperar el aire durante el sueño.
- Despertarse con la boca seca/ Dolor de cabeza por la mañana.

- Insomnio.
- Somnolencia excesiva durante el día (hipersomnia). Dificultad en prestar atención mientras estás despierto.
- Irritabilidad.

El método estándar de tratamiento para la apnea del sueño es la Máquina de Presión Positiva Continua de las Vías Respiratorias (CPAP, por sus siglas en inglés), la cual consiste en una máscara acoplada a una bomba que aumenta la presión del aire en la garganta para que las vías respiratorias no colapsen cuando el paciente respire.3 Es un dispositivo incómodo, complicado e ineficaz para la mayoría de los pacientes que sufren de la apnea del sueño.

Otros tratamientos incluyen cambios en el estilo de vida, tales como rebajar de peso o intervenciones quirúrgicas. Muchos pacientes, ante estas dificultades relacionadas con los tratamientos optan por no recibir tratamiento alguno. No obstante, sin tratamiento, la combinación de descanso de baja calidad y la privación de oxígeno puede resultar en la combinación de los mencionados problemas de salud.

Tratamientos Alternos

Aparato Bucal para la Apnea del Sueño

Actualmente, estamos involucrados en un estudio con Blair Bittner, DMD en Palm Desert, California que ha popularizado el Aparato Bucal para la Apnea del Sueño ("Oral Guard").4 Conocido también como "Dispositivo de Avance Mandibular" diseñado especialmente según la morfología bucal del paciente, en veteranos con el diagnóstico doble de apnea del sueño y TEPT. El dispositivo evita que las vías respiratorias colapsen forzando la mandíbula hacia adelante, alterando así la mandíbula y la posición de la lengua. El Oral Guard es un tratamiento alternativo que es mejor aceptado por el paciente que el incómodo y complicado CPAP. En nuestro centro hemos estado estudiando los efectos de las intervenciones de concienciación para ayudar a los pacientes a adaptarse a utilizar el Oral Guard en sus bocas. Hasta ahora hemos podido ver que los veteranos con el diagnóstico doble de la apnea del sueño y el TEPT han podido beneficiarse del dispositivo y evitar el sufrimiento de trastornos más serios, tales como comportamiento adictivo u otras psicopatologías.

Capacitación de los Músculos Involucrados en la Respiración

Un estudio por M.A. Puhan y otros[5] analizó la eficacia del uso del *didgeridoo*, un instrumento de viento de origen indígena australiano, para el tratamiento de la apnea del sueño. Aunque la idea suena extraña, los peritos concuerdan que este instrumento capacita los músculos involucrados en la respiración, ayuda a rebajar de peso y mantiene al paciente durmiendo boca abajo, lo cual evita los problemas relacionados con la apnea del sueño.

Las intervenciones de respiración diafragmática implican ejercicios para fortalecer los músculos orofaciales, de la garganta, la lengua y del diafragma. Los que han practicado estas intervenciones reportan una reducción en los ronquidos nocturnos y optimización de la conciliación y mantenimiento del sueño, así reduciendo la somnolencia e incrementando la agudeza mental durante el día. En resumen, estos tratamientos alternativos prometen una opción más económica para el alivio del trastorno de la apnea del sueño, algo que puede afectar a la persona por el resto de su vida.

Concienciación para el Insomnio y la Apnea de Sueño — Una Abundancia de Ventajas

No sólo ayudan las intervenciones de concienciación a reducir la ansiedad relacionada con el insomnio, sino que también ofrecen beneficios para mejorar los síntomas de la apnea del sueño.

Se ha demostrado múltiples veces que el incrementar la calidad del sueño y reducir el tiempo de estar despierto es muy valioso para toda persona.

Aún más importante, como hemos indicado, la apnea del sueño tiene que ver con mucho más que problemas de los músculos involucrados en la respiración.

Los médicos y otros profesionales de la salud reconocen que la apnea causa carencia de comunicaciones neuronales entre el cerebro y los impulsos que controlan la respiración durante el sueño nocturno. Como se ha demostrado, la concienciación refuerza las vías neurales y crea nuevas, mediante la neuroplasticidad y neurogénesis. Esto sugiere que esta intervención es una opción de tratamiento vital para los diversos síntomas de este trastorno tan complicado.

Las intervenciones de concienciación, tales como la respiración diafragmática, la meditación de la bondad y el escaneo del cuerpo, son sumamente beneficiosas para los que padecen de la apnea del sueño, abordando el problema de privación de oxígeno. La respiración profunda y meditativa ayuda al cuerpo con la circulación de la sangre y la absorción de oxígeno mediante el fortalecimiento de los músculos involucrados en la respiración — los intercostales, el diafragma y los abdominales.

Otro estudio por Turner y sus colaboradores[6] demostró que el mejoramiento de la calidad del sueño y la reducción en los síntomas de la apnea están vinculados con darle propósito a la vida del paciente, o mejor dicho, con vivir una vida más feliz y una existencia más significativa. Otras observaciones, que aún no hemos publicado, demuestran que la concienciación no sólo incrementa la calidad de vida, sino que también ayuda con la recuperación del trauma emocional, del abuso y de las recaídas a comportamiento adictivo.

En nuestro centro hemos atestiguado cómo la concienciación ayuda a las personas de diversos ámbitos y estilos sociales a lograr vidas mucho más felices y significativas. Ya sea con el alivio de los síntomas de la apnea de sueño, insomnio, comportamiento adictivo, trauma emocional, depresión, ansiedad clínica o cualquier otro trastorno amenazante para la salud, las intervenciones de concienciación ofrecen la potencialidad de ayudar a estas personas a crecer y a prosperar.

{14}
ESTRÉS EXCESIVO EN EL TRABAJO

El estrés en el trabajo es una reacción física y emocional-emente nociva que ocurre cuando las exigencias del trabajo sobre el empleado exceden su control y capacidad para cumplir con las mismas.

Aunque cierto nivel de estrés en el trabajo es normal, el estrés excesivo puede causar problemas de productividad y rendimiento laboral. El estrés injusto en el trabajo afecta la salud emocional y física del empleado, llegando a afectar hasta sus relaciones y su vida familiar. Las presiones excesivas en un trabajo en particular pueden determinar si fracasas o eres exitoso en tu carrera. Tal como cualquier otra situación, uno no puede controlar todo lo que ocurre en el trabajo, pero uno puede aprender a controlar cómo reaccionar a las presiones estresantes.

Aunque el estrés excesivo en el trabajo suele ser nocivo, el nivel de estrés apropiado puede ser beneficioso. Puede ayudar al empleado a concentrarse en la tarea en cuestión y permitir que enfrente los retos de su puesto. El trabajar bajo el nivel apropiado de tensión le permite al empleado desempeñar sus obligaciones al máximo de su capacidad, asegurando que trabaje eficientemente.

Ahora, lo que tenemos que preguntarnos es, ¿cuándo es excesivo el estrés en el trabajo? Si un empleado ha sido expuesto a un evento traumático en el trabajo, tal como violencia, acoso o humillación o si las demandas impuestas exceden su capacidad de desempeñarlas, ahí es donde surgen los problemas. En el campo médico, el estrés relacionado con el trabajo frecuentemente es atribuible a agotamiento profesional o "fatiga de compasión", como resultado de que el profesional médico pierde empatía y amabilidad hacia el paciente.

En el estado de California, los empleados pueden radicar una querella para recibir compensación por estrés excesivo en el trabajo. En tales casos, el empleado tiene que comprobar que los eventos o condiciones en el lugar de trabajo fueron la causa predominante del estrés excesivo.

Estas reclamaciones son las más difíciles de ganar porque son difíciles de comprobar. Es mejor tratar de mantener los niveles de estrés en el trabajo lo más manejables posible para evitar tener que entablar estos tipos de reclamaciones.

Estos son algunos consejos que pueden ayudarte:

- Presta plena atención a la tarea inmediata. Una de las mejores intervenciones para evitar los niveles excesivos de estrés en el trabajo es la concienciación.

En uno de los talleres que nuestro centro ofreció en el Eisenhower Medical Center en Rancho Mirage, California, una sugerencia a los profesionales de atención médica fue que tomaran una pausa de tres minutos en un lugar tranquilo para tomar quince inhalaciones y exhalaciones lentas y profundas. Cuando me preguntaron, "¿Y adónde vamos, si aquí en el hospital tal lugar no existe?" mi respuesta fue, "¡Vayan a las 'Damas' o 'Caballeros'! ¡Fue para eso que Dios inventó los baños, para meditar en una de las casetas del baño!" "Vayan al baño y enciérrense en una de las casetas y tomen sus tres o cuatro minutos para las quince lentas y profundas inhalaciones y exhalaciones cuando se sientan estresados". "¡Verán que funciona de maravilla!"

- Conversa con otras personas.

¡El *estrés* compartido es *estrés* descartado!

Sorprendentemente, el simple acto de platicar con otra persona acerca de la tensión en el trabajo se presta para aliviar la situación bastante. No necesitas quien te resuelva el problema, simplemente necesitas alguien que te escuche y te entienda.

- Trata de conseguir un sistema de apoyo dentro y fuera del trabajo.
- Mantente saludable.

Las personas tienden a sumergirse demasiado en su trabajo cuando están bajo demasiadas presiones. Creen que sumergiéndose en el trabajo les ayudará y descuidan su salud. Trata de tomar tiempo para hacer ejercicio físico, lo cual ayuda con la secreción de endorfinas, serotonina, oxitocina y dopamina para mejorar el humor y tu actitud hacia la vida. Mantenerte físicamente saludable te ayudará a manejar tu estrés.

También, los alimentos saludables ayudan con el manejo del estrés. Alimentos con un alto contenido de ácidos grasos omega-3 mejoran mucho el temperamento.

- Maneja tu tiempo.

Una agenda de tus actividades cotidianas ayuda con el manejo del estrés. Una agenda te permite mantener el ritmo cotidiano. Pero, no dediques más tiempo de lo que puedas a ciertas actividades, y aprende a decir que "no" si sabes que no puedes cumplir con ciertas exigencias. Aprende a priorizar tareas y responsabilidades urgentes, especialmente las que no te gustan.

Estos son ejemplos de fuentes de estrés en el trabajo:[1]

Diseño de la tarea

- Volumen de trabajo (demasiado o poco).
- Ritmo/variedad/significado del trabajo.
- Tiempo adecuado para completar un trabajo.
- Autonomía (la capacidad de tomar tus propias decisiones sobre tus obligaciones y tareas específicas).
- Trabajo por turnos/horas de trabajo.
- Tus destrezas y habilidades no están a la par con las que exige el trabajo.
- Carencia de capacitación técnica e interpersonal.
- Falta de apreciación.
- Aislamiento en el lugar de trabajo, físico o emocional.

Tu Rol en la organización

- Conflicto en las funciones (conflicto en las exigencias del trabajo, demasiados roles, múltiples supervisores/ gerentes).
- Incertidumbre sobre las expectativas de empleo/ambigüedad en las funciones (falta de claridad en torno a las responsabilidades, expectativas, etcétera).
- Nivel de responsabilidad.

Desarrollo profesional

- Discriminación en las oportunidades de ascenso
- Seguridad/inseguridad (temor de caer en redundancia, ya sea por la economía, o por la falta de trabajo). La ausencia de oportunidades para avance o crecimiento profesional.
- Satisfacción general en el trabajo.

Relaciones en el trabajo (interpersonales)

- Supervisores (conflictos o falta de apoyo). Acoso sexual
- Compañeros de trabajo (conflictos o carencia de respaldo). Amenazas de violencia, acoso, etcétera (amenazas a la seguridad personal).
- Ambiente de desconfianza.
- Carencia de sistemas en el trabajo para reportar y lidiar con comportamiento inaceptable.
- Prejuicio o discriminación

Estilo estructura/ambiente/manejo de la organización

- Participación (o carencia de participación) en la toma de decisiones.
- Modelos de comunicación (pobre comunicación/flujo de información).
- Poco reconocimiento por buen desempeño laboral. Carencia de sistemas en el trabajo para procesar inquietudes.
- Ausencia de participación de los empleados al momento de hacer cambios organizacionales.
- Percibida carencia de justicia (quién obtiene qué y cuándo y los procedimientos de la toma de decisiones).

- Los sentimientos de injusticia intensifican los efectos de las situaciones estresantes sobre la salud.
- Carencia de respaldo (tales como normas adecuadas de apoyo a la familia, programas de asistencia al empleado, etcétera.)

Equilibrio Entre Vida y Trabajo

- Conflictos entre tu rol y tu responsabilidad.
- Exposición de la familia a los peligros y riesgos relacionados con el trabajo.

Condiciones e Inquietudes sobre el Ámbito Laboral

- Exposición a condiciones nocivas (por ejemplo, congestionamiento, malos olores, etcétera.)
- Exposición a riesgos (por ejemplo, ergonomía deficiente, químicos nocivos, ruido, deficiente calidad del aire o temperatura, etcétera.)

YO TAMBIÉN

El maltrato infantil es un acto de violencia, de negligencia y abuso psicológico, físico o sexual perpetrado contra niños.

A nivel internacional, un gran porcentaje de niños auto-reportan eventos de abuso con tasas de prevalecía de abuso sexual, abuso físico, abuso emocional, negligencia física y emocional de unos 12.7%, 22.6%, 36.3%, 16.3% y 18.4%, respectivamente.[1]

Los niños que sufren de tal abuso o negligencia física, sexual y emocional son por lo menos dos o tres veces más propensos a intentar suicidarse más tarde en sus vidas, conforme a la última revisión de los estudios llevados a cabo sobre este tema.[2] Estos intentos de suicidio son particularmente ciertos entre la minoría sexual (los denominados LGBT por sus siglas en inglés) o sea, los jóvenes homosexuales, lesbianas, bisexuales y transexuales.

Algunas citas del libro *Frogs and Snails and Mobster Tails: Growing Up in Al Capone's Shadow* por los autores Robert Teitlebaum and Cindy Carter merecen ser mencionadas.[4]

"No es tu culpa. No tienes que ser declarado culpable. Está bien que hables sobre esto."

Y, continuamos con las palabras de Jerry Moe ~ Jerry Moe, Director Nacional del Programa de Niños, Betty Ford Center, Rancho Mirage, California.

"Busca ayuda. Encuentra a alguien seguro en quien puedas confiar."
Son treinta y nueve millones (39,000,000) de sobrevivientes en los Estados Unidos y otro sinnúmero alrededor del mundo.
Si un chico gay es abusado por un hombre, el chico frecuentemente piensa que él mismo se lo buscó y quería de alguna manera u otra ser abusado.
Dialoguen entre sí mismos. Pregunten lo que quieran y establezcan confianza en un lugar seguro, dónde cada niño pueda relatar su experiencia, tal como Robert ha dicho".

En nuestro centro hemos atestiguado que este tipo de abuso está estrechamente vinculado, no sólo con el alto costo de la atención médica, sino también a la plétora de síndromes psicológicos, entre los cuales figuran la depresión clínica, el estrés postraumático, el estrés postraumático complejo, la ideación suicida, el comportamiento sexual arriesgado y las enfermedades de transmisión sexual.

El abuso puede resultar en graves daños psicológicos a la víctima, tanto al momento del abuso y muchos años después

La disociación es un síntoma particularmente importante en la predicción del TEPT.[5] Lo que procede es un círculo vicioso. El circuito de apego impulsa al niño a buscar consuelo en la figura del apego cuando se encuentra aterrorizado. Por consiguiente, el circuito de sobrevivencia activa el tronco cerebral, el cual estimula la reacción de pelear, huir o congelarse, causando que el niño se aleje de la fuente de terror. Y se repite el círculo.[6]

Como otros científicos han demostrado, la concienciación incrementa la integración (conectividad funcional) de la red neuronal por defecto del cerebro, un hallazgo que puede darnos una clave de cómo la concienciación aclara el sentido de sí mismo que frecuentemente queda fragmentado después del evento traumático.[7]

Similarmente, en nuestro centro hemos observado que las intervenciones de concienciación significativamente ayudan a los adultos expuestos a eventos traumáticos durante la niñez a reducir los niveles de los síntomas nocivos del TEPT-C. Estas intervenciones ayudan a la víctima a optimizar sus destrezas en hacer frente a las reviviscencias, pesadillas y altibajos emocionales, por consiguiente, ayudándoles a mejorar su calidad de vida. En torno al maltrato infantil, las más potentes intervenciones son la meditación de bondad, el yoga de trauma sensible, la meditación al comer y la meditación al caminar, en el orden indicado.[8]

Los siguientes casos tienen que ver con clientes que han acudido a nuestro centro en búsqueda de alivio contra los síntomas del TEPT-C atribuible a maltrato infantil. Sus nombres y los de sus amigos y parientes han sido cambiados para proteger su integridad y privacidad.

Estudio de Caso — (Mujer expuesta a maltrato infantil)

Sherry, mujer de 46 años, acudió al centro con su esposo, Rick, en búsqueda de alivio debido a sus pesadillas, recuerdos

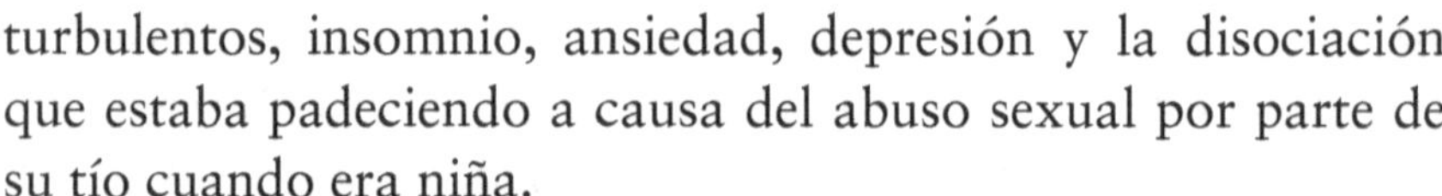

turbulentos, insomnio, ansiedad, depresión y la disociación que estaba padeciendo a causa del abuso sexual por parte de su tío cuando era niña.

Estaba bajo la atención de un psiquiatra que le había recetado medicamentos para su TEPT-C e insomnio. Además de sus trastornos psicológicos, Sherry sufría de una enfermedad autoinmune, enfermedad pulmonar obstructiva congestiva (EPOC), para la cual utilizaba un dispositivo de oxígenoterapia portátil.

Sherry nunca había oído ni practicado concienciación o ninguna otra forma de meditación.

Durante nuestra entrevista inicial, Sherry lloró contándome el abuso impartido por su tío, así como Rick, su marido, "abusaba sexualmente de ella, en contra de su voluntad" con una pistola cargada en la mesita de noche, mientras ella se encontraba indefensa bajo los efectos de los fármacos recetados por su psiquiatra para el insomnio. De tal manera, ella no podía defenderse contra Rick. Indicó que amaba a Rick y que haría todo lo posible por él y que quería salvar el matrimonio. Le comenté que "el aprovecharse sexualmente contra la voluntad de una persona a punta de una pistola" no era socialmente aceptable y que se debían establecer objetivos para remediar esa situación. Toda interacción sexual entre parejas debe ser una experiencia consensual y agradable. A lo que ella estuvo de acuerdo.

Luego dedicamos el resto de la sesión a practicar la respiración diafragmática y a platicar sobre lo importante que es vivir el momento presente.

Al terminar esa primera sesión, Sherri me dijo, "¿Sabe usted? Creo que va a ayudarme a salvar mi matrimonio." A lo largo de su manejo, se le enseñaron diversas intervenciones de concienciación: yoga del trauma sensible (YTS), la respiración diafragmática, el comer conscientemente, entrenamiento autógeno, la meditación de caminar y la meditación de amabilidad. El YTS demostró una carencia de sensación de Sherry en su zona pélvica y torácica. Además, se le proporcionó grabaciones de audio para que pudiera practicar las intervenciones en su hogar, así como la grabación de "The Golden Castle" de Dolores Seymour, Ph.D.[9] Las intervenciones que más le gustaron fueron la meditación de caminar y comer, la grabación de "The Golden Castle" y una de las grabaciones de la respiración diafragmática que se le había proporcionado.

Su progreso fue extraordinario.

Sin embargo, el matrimonio no pudo ser salvado. Rick, que no estaba contribuyendo mucho al mantenimiento del hogar, seguía abusándola sexualmente contra su voluntad y agotando el presupuesto familiar. Sherry contrató a un abogado que entabló una orden de restricción contra Rick y eventualmente ayudó a Sherry a divorciarse de él. Dentro de pocos meses después del divorcio, su éxito fue ejemplo extraordinario para otros pacientes. En sus propias palabras:

> *"Doctor Casellas, sus sesiones privadas me han ayudado más de lo que usted se pueda imaginar.*
> *Me ha ayudado a lograr una paz y tranquilidad interna que jamás imaginé, mientras batallaba contra los terribles síntomas de mi TEPT, no sólo debido a mi divorcio, sino también las batallas con los recuerdos y pesadillas atribuibles al abuso de mi tío. Estoy tan agradecida por tantas cosas buenas en mi vida. Estoy aprendiendo a soltar el pasado, a dejar de preocuparme por el futuro y a vivir en el momento presente —el aquí y ahora, como usted dice. He llegado a apreciarlo tanto a usted y a lo que me ha enseñado. ¡Estoy sumamente agradecida!*

Ahora puedo volver a dedicarme a mi arte, a escribir poesías y a establecer mi tienda en el Internet.

Sherry es autora de un libro de mesa de café de poemas ilustrados con sus pinturas titulado *Impressions of Sunrises*.

El siguiente es uno de sus poemas en inglés, que muestra su aguda capacidad de observar, lo cual es una de las características que considero la forma más avanzada de la inteligencia.

El alba[10]
La luna creciente se desvanece
Mientras una dorada melodía bendice la mañana con pinceladas de tonos rosa y púrpura,
Anticipando un crescendo de la luz,
Primero un rayo, luego dos.
La brisa ilusionada flota en el aire y juega con una orquesta de nubes, al compás de notas que suenan sobre el tapiz y un rayo de luz toca el borde de plata mientras otros traspasan de oro las sombras en el viento.
El sol acaricia el horizonte y se refleja en cada ola que rompe sobre la playa, como una sinfonía que abraza el mundo entero.

*Estudio de Caso — **TEPT-C** (Hombre expuesto a maltrato infantil)*

José, un hombre de 75 años, acudió al centro con antecedentes de maltrato sexual a manos de un tío materno a la edad de ocho, doce y diecisiete, y luego como adulto mientras estuvo en la Marina de Guerra estadounidense (US Navy), por parte de un oficial superior ("senior officer").

Como resultado del maltrato, sufrió de TEPT-C con las relacionadas pesadillas, recuerdos turbulentos y disociación. Frecuentemente reportó que sintió vergüenza, terror y culpabilidad, culpándose a sí mismo por el abuso.[11]

- Como la mayoría de los niños maltratados, él no reportó el abuso primordialmente, como Laura Marham12 indica, "Los niños aprenden a controlar su comportamiento desarrollando un 'clutch', ubicado en el córtex prefrontal. Esto no es fuera de lo ordinario, porque el incesto es uno de los menos divulgados crímenes contra los niños que son maltratados, ya que muchos de ellos no divulgan el abuso hasta años más tarde.

- Esto puede ser atribuible al poder del abusador sobre el niño.

- Hasta un noventa y tres por ciento (93%) de los niños que han sido maltratados sexualmente conocen bien a sus abusadores. El abusador frecuentemente amenaza o manipula al niño para evitar que divulgue el abuso.

- Más de un tercio de los abusadores son miembros de la familia del niño. El setenta y tres por ciento (73%) de los niños maltratados no divulgan el maltrato por un año o más.

- El cuarenta y cinco por ciento (45%) de los niños no divulgan el maltrato hasta por lo menos cinco años después del maltrato.

José siempre se ha sentido muy avergonzado e incómodo con su homosexualidad. En sus palabras: "Desearía no ser gay, aunque sé que absolutamente no lo puedo controlar. Sé que la homosexualidad es determinada genética y epigenéticamente".[13]

A los 22 años se casó con una mujer debido a las "presiones sociales y familiares" y tuvo dos hijos varones. Ambos se casaron y engendraron seis nietos (tres nietas y tres nietos).

Después de veinte y cinco años de casados, y al descubrir que su esposa también era gay, José y su esposa se divorciaron.

Poco después, José estableció una relación con su pareja de hecho, Richard.

En abril de 2005, se casó oficialmente con Richard en Vancouver, Canadá y luego en julio, 2013 en la ciudad de Indio, California, cuando el matrimonio entre parejas de hecho se legalizó después de que la Corte Suprema confirmó el veredicto de un tribunal inferior en 2013.

Sirvió cuatro años en el Navy estadounidense durante el conflicto con Vietnam como Oficial del Cuerpo de Servicios Médicos ("Medical Service Corps Officer"). Mientras estuvo en el Navy, fue afectado por el TEPD, como resultado de tener que trabajar con cuerpos mutilados en la morgue y observando a los amputados cuando aprendían a usar sus recién instaladas prótesis en el Hospital Naval en Oakland, California.

Además, como hemos dicho ya, José fue acosado por un Oficial Naval superior, un dentista, que le ofreció un "Mickey" (una bebida narcotizada) y lo violó. El acoso sexual contra los miembros de las fuerzas armadas es otro de los crímenes menos divulgados por el maltratado. Estudios demuestran que sólo uno de cada cuatro militares sobrevivientes del acoso sexual, divulgan su ataque.[14] Entre los sobrevivientes de sexo masculino aproximadamente un ochenta y un por ciento (81%) no divulga el acoso.

Además, los sobrevivientes de Trauma Sexual Militar (TSM) que se identifican como miembros de grupos marginados (es decir, identidad racial, étnica, género y las minorías sexuales) están en riesgo de suicidio después de la experiencia sexual traumática.[15]

En 1982, después de tres intentos de suicidio, José sufrió un "colapso nervioso" tras los cuales, buscó ayuda psiquiátrica.

En nuestro centro, José se matriculó para el programa de

ocho semanas de Reducción de Estrés Basada en la Concienciación. Afirma que las intervenciones de concienciación que aprendió y lo que practica diariamente han sido su salvación. Dice que las intervenciones le han ayudado a poder concentrarse en el momento presente y a olvidar el pasado y, sobre todo, a evitar los "flashbacks" y pesadillas que lo atormentaban.

Conclusión

¿De qué se trata el maltrato sexual, especialmente el maltrato sexual de chicos varones?

"La urgencia de nuestro trabajo es aún más importante hoy en día en los Estados Unidos", nos dice Carol Teitelbaum, LMFT, cofundadora de las Conferencias de Cambios Creativos — "Le Sucede a los Chicos *(Creative Change Conferences—It Happens to Boys)*". "Durante la conferencia se recalca el hecho de que, compartiendo información referente a los crueles abusos cometidos, simplemente no podemos permitir que los abusadores continúen cometiendo tales crímenes".

Continúa diciendo, "El maltrato sexual es un problema social serio, enmascarado detrás de una arraigada costumbre cultural de negación. Las familias no hablan sobre este tema y ese mismo secretismo contribuye a la creencia por parte del perpetrador que puede continuar haciéndolo sin sanción alguna. Necesitamos de vuestra ayuda para darles una voz fuerte a los terapeutas intrépidos para combatir esta epidemia".

Por un período de diez años, las *Creative Change Conferences* han atraído algunos de los más reconocidos peritos en el campo de salud mental y drogadicción para explorar los vínculos entre el maltrato de niños y la adicción, depresión, baja autoestima, retos de relaciones, disfunción sexual, comportamiento compulsivo y el uso de pornografía, para mencionar algunos.

El ogro[16]

Cruzando mi puente
 fui lanzado al pantano
donde con tenacidad tentacular
me agarró el ogro al cual me aferré.
¿Era éxtasis o pánico,
este absurdo aferramiento?
¿Odio o deleite?

Inútil el esfuerzo
de desaferrarme
del grotesco ogro.

¿Será siendo esto
angustia perpetua?

{ 16 }

CONCLUSIÓN

Para nosotros, la realidad se percibe de lo que captamos a través de los sentidos corporales. Es decir, lo que olfateamos, lo que vemos, lo que tocamos, lo que oímos y lo que saboreamos.

No obstante, hay realidades que solamente podemos descubrir a través de puros pensamientos o imaginación. Mediante la concienciación, podemos acceder a respuestas de preguntas tales como, ¿qué somos?… ¿para qué nacimos?… ¿por qué nacimos?

Como Richard Davison[1] señala, "La meditación de la compasión (bondad) nos demuestra el gran beneficio que se obtiene desde un principio; con solo siete horas de meditación durante el transcurso de dos semanas esta intervención optimiza la conectividad de los circuitos importantes relacionados con la empatía y otros sentimientos beneficiosos. Son emociones de compasión que el meditador retiene durante su vida cotidiana, aun cuando no está meditando. Pero el hecho de que estas emociones de amabilidad aparecen también fuera del propio estado de meditación formal, refleja el hecho de que nuestro sistema neurológico, desde que nacemos, está básica e inherentemente programado para *compartir esa bondad*". (Itálicas del autor.)

Desafortunadamente, a pesar de esta inherente amabilidad, no sólo nuestros padres, abuelos, hermanos, eclesiásticos, pedagogos y demagogos, sino también psicóticos del gobierno y desviados de la sociedad frecuentemente nos catequizan y nos convierten en monstruos de odio hacia el prójimo. Y, frecuentemente, este odio se refleja en el sinnúmero de asesinatos, tiroteos, abuso y terrorismo que estamos presenciando en nuestro planeta casi diariamente.

En nuestras afanosas batallas para tratar de sobrevivir estas catástrofes, muchos de nosotros nos encontramos tratando de alcanzar inalcanzables arquetipos. Lo más frecuente que observamos son imágenes de hombres y mujeres esforzándose y sudando, arriesgando sus vidas e integridad física para sostener y alimentar a sus familias. La evidencia científica actualizada demuestra que la concienciación ayuda a ignorar las distracciones, optimizar la capacidad de recuperar la memoria, información y atención y controlar nuestras emociones.

Los que practican la concienciación notan, casi inmediatamente, una reducción en su reactividad emocional hacia eventos estresantes y un incremento en su concentración cognitiva.

Además, se reconoce que la concienciación juega un papel sumamente importante en el manejo de diversos trastornos psicológicos, tales como la depresión, la ansiedad, el comportamiento adictivo, el trauma emocional, el abuso, el bipolarismo, para mencionar algunos.

Sí, y según el humo comienza a aclararse un poco, los que están lidiando con trastornos emocionales, a veces concluyen que han logrado obtener una 'perspectiva' para poder lidiar con su condición" y un sentido de lo que verdaderamente importa.

Voy a cerrar este capítulo con un poema de mi libro, *Angustia y Deleite*.

Bien Merecidas Vacaciones sin Tener que Pensar[2]

Tomemos unas bien merecidas vacaciones
sin tener que pensar
y nunca regresar.

Vayamos a ese lugar
dónde sólo oímos
lo que nunca hemos oído.

Dónde sólo vemos
lo que nunca hemos visto.

Dónde lo único que olemos
es el aroma de las flores ignoradas.

Andemos sobre senderos de grava
y veredas adoquinadas
para percibir el suave
y áspero masaje
en las plantas de los pies.

Sí, tomemos unas
bien merecidas vacaciones
sin tener que pensar
y nunca regresar.

Escapémonos a ese lugar
donde el pensar es pura
pérdida de tiempo
y lo que indudablemente vale
es el dejar de pensar.

ACERCA DEL AUTOR

A principios del decenio de 1980, conocí a Jon Kabat-Zinn, Ph.D. y Saki Santorelli, Ed.D. en la Facultad de Medicina de la Universidad de Massachusetts (UMASS Medical School). En aquel entonces yo era el Director de Investigaciones de Inmunohematología en la Escuela de Medicina, y el injustificado estrés relacionado con las demandas académicas estaban comenzando a tener un impacto sumamente negativo en mi vida.

Además, estaba en el proceso de un divorcio y había sido diagnosticado recientemente con bipolarismo. Esencialmente, me encontraba lidiando contra la mortalidad, con días de remisión y días de exacerbación en un mundo imbuido por un montaje de percepciones erróneas físicas y emocionales.

Tomando en cuenta ese escenario, una tarde en que estaba en la biblioteca de la escuela de medicina, observé a Jon y Saki sentados en cojines con un grupo de estudiantes de medicina y pacientes con sus manos en las faldas y sus ojos cerrados en el salón de libros históricos.

Luego por la tarde lo vi en el pasillo y le pregunté qué hacían en el salón de libros históricos. Me comentó que estaban meditando porque se había demostrado que la concienciación aplacaba los ciclos de dolor en pacientes que no respondían a los fármacos analgésicos.

Aunque encontré dudoso lo que me decía, me convenció a que me matriculara en su programa de ocho semanas llamado Reducción de Estrés Basada en la Concienciación.

Dentro de las primeras semanas en el programa, algo que Jon dijo comenzó a resonar dentro de mis entrañas, "El momento preciso de ser feliz es éste. El lugar preciso de ser feliz es aquí, donde quiera que estés, y mientras estés respirando, hay más cosas correctas contigo que incorrectas, no importa cuán enfermo o desesperado te sientas".

Tan anémico como suena, después de varias horas en silencio dentro de mi bóveda de soledad, reconocí que mi vida estresante como investigador científico tenía que terminar. Aprendí que "La resistencia provoca la persistencia y que la concienciación induce la sanación." En resumen, fui a la oficina del director de patología y le entregué mi carta de renuncia.

Desde ese día mi propósito en la vida ha sido ser feliz, inspirar felicidad en el prójimo, aliviar el sufrimiento del que sufre, ser amado y abrazar al que nos extiende el amor y el cariño.

Partiendo de mis antecedentes bilingües, mi pasión por la escritura y mi conocimiento de las ciencias básicas, fundé CC Scientific, un servicio de traducciones medicolegales, una empresa que brinda traducciones del inglés al español y viceversa a la industria médica y la industria de servicios financieros.

Mientras tanto, mi fascinación con la concienciación me llevó a entrenar como Instructor de Meditación, Consejero de Vida, Instructor de Yoga y eventualmente a establecer el Stress Management & Prevention Center, LLC, en el año 1999.

Como autor, la mayoría de mis obras aparecen en la literatura científica revisada por otros científicos. Como poeta, los versos y poesía que escribo emanan de la angustia que he sufrido personalmente y el sufrimiento que he atestiguado en los clientes que acuden a mi centro lidiando con su angustia física y emocional.

Mi intención es que el lector reconozca nuestra consanguinidad. Es entonces y solo entonces que podremos reconocer que las barreras entre "Nosotros" y "Ellos" pueden disolverse y que podemos resonar mutuamente, compartiendo nuestra más profunda sabiduría y las jornadas oscuras que hemos atravesado.

Es entonces cuando sabremos que todos descendemos del mismo vientre materno. Será entonces y sólo entonces que comenzaremos a gozar de los principios de isonomía, o esa isopolīteía, establecida por el filósofo griego Aristóteles (384-322 a.C.) donde podremos compartir derechos mutuos y gozar de la libertad de expresarnos libremente sin temer al caos que amenaza nuestra existencia tan efímera en este planeta.

En torno a mis preparación académica, cuento con un Ph.D, en Inmunopatología Experimental, soy Consejero de Vida ("Life Coach") e Instructor y Consejero de Concienciación Certificado, así como Instructor de Yoga Registrado. Además, he recibido capacitación en Terapia Cognitiva Basada en la Concienciación. Durante el Conflicto de Vietnam fui Oficial del Cuerpo de Servicios Médicos de la Marina EE.UU. Adicionalmente soy el Director y Fundador del Stress Management & Prevention Center, LLC, en Cathedral City, California.

Para comunicarse con Jaime Carlo-Casellas
Correo electrónico: casellas@stressprevention.org
Teléfono: 1- (760) 464-2150

BIBLIOGRAFÍA

CITA 1

1. Jon Kabat-Zinn, Ph.D., es reconocido a nivel internacional por su trabajo como científico, escritor e instructor de meditación involucrado en la introducción de la concienciación en el ámbito de la medicina y sociedad occidental. Es Profesor de Medicina emérito de la Escuela de Medicina de la Universidad de Massachusetts, donde estableció su internacionalmente reconocido Mindfulness-Based Stress Reduction Clinic en el año 1979 y Center for Mindfulness in Medicine, Health Care, and Society en 1995. Wikipedia https://en.wikipedia.org/wiki/Jon_Kabat-Zinn (May 30,2019)

1. LA CONCIENCIACIÓN LLEGA AL MUNDO OCCIDENTAL

1. Mindfulness-Based Stress Reduction (MBSR) es un programa establecido en la Escuela de Medicina de la Universidad de Massachusetts por el Profesor de Medicina emérito, Jon Kabat-Zinn, Ph.D., en 1997. MBSR utiliza una combinación de meditación de concienciación, plena atención a las sensaciones del cuerpo y yoga para ayudar al cliente a mantenerse más consciente. El programa es beneficioso para reducir los perniciosos efectos del estrés, inducir la relajación y optimizar la calidad de vida, pero en sí, no

se presta para evitar o curar enfermedad alguna. Aunque MBSR tiene sus orígenes en enseñanzas espirituales, el programa en sí es secular.

2. ⁵Jon Kabat-Zinn, Founding Executive Director of the Center for Mindfulness: https://www.umassmed.edu/cfm/about-us/people/2-meet- our-faculty/kabat-zinn-profile/

3. Space Challenger Shuttle Disaster (Wikipedia): https://en.wikipedia.org/wiki/Space_Shuttle_Challenger_disaster

4. Knaster, Mirka: *Living This Life Fully: Stories and Teachings of Munindra* (Boston: Shambala, 2011)

5. Kabat-Zinn, J. and Borysenko, J.: *Full Catastrophe Living: Using the Wisdom of Your Body & Mind to Face Stress, Pain & Illness* (New York: Bantam Books, 2009)

6. Infografics & Facts Sheet Mental Health Public Policy: National Alliance on Mental Illness. February 2019. https://www.nami.org/learn- more/mental-health-by-the-numbers

7. John Parrot: "Blogs About Relaxation, Mindfulness & Meditation": https://www.RelaxLikeaBoss.com (© 2019 John Parrrot)

8. Benson, Herbert and Kippler, M.: *The Relaxation Response* (New York: Harper Collins, 2017).

9. Oxford English Dictionary—The Definitive Record of the English Language. https://www.oed.com/ (© 2019 Oxford University Press)

10. Davis, D. and Hayes, J.: "What are the Benefits of Mindfulness" (American Psychological Association July/August 2012, Vol 43, No. 7)

11. Center for Mindfulness in Medicine, Health Care and Society https://www.umassmed.edu/cfm/

12. Ibid 11

13. Ibid 3 Página 244

2. MEDITACIÓN DE CONCIENCIACIÓN

1. Michael Merzenich: "On the Brain with Michael Merzenich—About Brain Plasticity" https://www.onthebrain.com/brain-plasticity/ (© 2019 Michael Merzenich)
2. Goleman, D. and Davidson, R.: *Altered Traits: Science Reveals How Meditation Changes Your Mind, Brain, and Body* (New York: Random House, 2017)
3. Mintie, Daniel and Staples, Julie, K: *Reclaiming Life After Trauma— Reclaiming Life with Cognitive-Behavioral Therapy and Yoga.* (Healing Arts Press, Rochester, 2018)
4. Brewer, Judson: *The Craving Mind: From Cigarettes to Love—Why We Get Hooked and How We can Break Bad Habits* (Yale University Press: New Haven, 2017)
5. Ruden, Ronald, A.: *Second Edition. The Craving Brain — A Bold New Approach to Breaking Free from Drug addiction, overeating, alcoholism, gambling.* (New York: Harper Collins, 2000).
6. Ibid 11
7. Bergland, Christopher: "Mindfulness and the Vagus Nerve Share Many Powers" (Psych.Today, Feb 5, 2016).
8. Ibid 23
9. Ibid 14
10. Porges, Stephen W.: *The Polyvagal Theory: Neurophysiological Foundations of Emotions, Attachment, Communication, and Self- regulation.* (A Norton Professional Book, New York, 2011).
11. Hanson, Rick. Buddha's Brain: The Practical Neuroscience of Happiness, Love, and Wisdom New Harbinger, California, 2009) Kindle Edition.
12. Carlson, L.E., Speca, M., Patel, K.D. et al., "Mindfulness-based stress reduction in relation to quality of life,

mood, symptoms of stress and levels of cortisol, dehydroepiandrosterone sulfate (DHEAS) and melatonin in breast and prostate cancer outpatients" (Psychoneuroendocrinology, 2004: 29(4):448–74).

13. Ibid 18

14. EOC Institute: The "Calm Chemical" — How Meditation Boosts GABA https://eocinstitute.org/meditation/meditation-boosts-your-gaba/ (© 2019 EOC Institute, San Francisco).

15. Ibid 15

16. Nataraja, Shanida: Revised and Updated: *The Blissful Brain: Neuroscience and Proof of the Power of Meditation. Kindle Edition.* (© 2014 Shanida Nataraja).

17. Ibid 30

18. Van der Kolk, Bessel: *The Body Keeps the Score: Brain, Mind, and Body in the Healing of Trauma,* (New York: Penguin Books, 2014).

19. Begley, Sharon: *Train Your Mind, Change Your Brain: How a New Science Reveals Our Extraordinary Potential to Transform Ourselves.* (New York: Random House, 2007).

20. Ibid 17 Página 80

3. LOS BENEFICIOS DE LAS PRÁCTICAS DE CONCIENCIACIÓN

1. Carlson LE, Speca M: *Mindfulness-Based Cancer Recovery: A Step-by- Step MBSR Approach to Help You Cope With Treatment and Reclaim Your Life. Oakville,* (Oakland, California: New Harbinger, 2011).

2. Johns, A. Shirley, et al: "Randomized controlled pilot study of mindfulness-based stress reduction for persistently fatigued cancer survivors" (Psycho-Oncology 24:885, 2015)

3. Kumara, Shakya: "How Mindfulness Boosts Resilience": https://www.briefmindfulness.com/mindfulness-boosts-resilience/ © 2016 Shakya Kumara

4. Mak, C., et al.: "Effect of mindfulness yoga programme MiYoga on attention, behaviour, and physical outcomes in cerebral palsy: a randomized controlled trial." (2018) Dev Med Child Neurol. 60:922-932.

5. Black, D.S. and Slavich G.M.: Mindfulness meditation and the immune system: a systematic review of randomized controlled trials.Ann N Y Acad Sci. 2016 Jun; 1373(1): 13–24.

6. Ibid 34

4. LAS INTERVENCIONES

1. Video from Quiet Mind Café: "Sympathetic Breathing Meditation": https://www.youtube.com/watch?v=7wFX9Wn70eM

2. Thich Nhat Hanh: *Breathe, You Are Alive—The Sutra on the Full Awareness of Breathing* (Berkeley: Parallax Press, 1996)

3. Miller, Richard: "Transforming Negative Thoughts with Meditation" Yoga Journal Nov. 14, 2016.

4. Emerson, D. and West, J: *Trauma-Sensitive Yoga in Therapy: Bringing the Body into Treatment,* W.W. Norton & Co., New York, 2015

5. Ibid 26

6. Blackstone, Judith: *Trauma and the Unbound Body—The Healing Power of Fundamental Consciousness* (Sounds True: Boulder, CO, 2018).

7. Salzburg, S.: *Loving Kindness—The Revolutionary Art of Happiness,* (Boston: Shambala Publications, Inc., 1995)

8. Ibid 47

9. Richmond, Raymond Lloyd: A Guide to Psychology and its Practice— Autogenic Training: A Deceptively Effective

Relaxation Technique: http://www.guidetopsychology.com/autogen.htm (Copyright © 1997- 2017 Raymond Lloyd Richmond, Ph.D.)

10. Goldman, David and Richard Davidson: *Altered Traits—Science Reveals How Meditation Changes Your Mind, Brain and Body* (New York: Penguin Random House, 2017)

11. Bowen, Sarah, Chawla, Neha, and Marlatt, Alan, G.: *Mindfulness-Based Relapse Prevention for Addictive Behaviors—A Clinician's Guide* (New York: Guilford, 2011).

12. Hirshberg MJ, Goldberg SB, Schaefer SM, Flook L, Findley D, Davidson RJ: "Divergent effects of brief contemplative practices in response to an acute stressor: A randomized controlled trial of brief breath awareness, loving-kindness, gratitude or an attention control practice." PLOS ONE 13(12) (2018): e0207765. https://doi.org/10.1371/journal.pone.0207765

13. Ibid 3 Página 42

5. MÁS SOBRE LA PRÁCTICA DE YOGA

1. Caris, Nicholas: US Department of Veteran Affairs: Marine combat Veteran Says Yoga Saved His Life, September 21, 2015. https://www.blogs.va.gov/VAntage/22968/marine-combat-veteran-says- yoga-saved-life/.

2. Ibid 12

3. Dyck et al., "Cognitive versus Automatic Mechanisms of Mood Induction Differentially Activate Left and Right Amygdala," (2011) Neuroimage 54: 2503-2513

4. Pissiota, A, et al: "Neurofunctional correlates of posttraumatic stress disorder: a PET symptom provocation study" (2002) Eur Arch Psychiatry Clin Neurosci 252:68-75

5. Gotink R. A. et al.: "8-week Mindfulness Based Stress Reduction induces brain changes similar to traditional long-term meditation practice —A systematic review." (2016) Brain and Cognition 108: 32-41

6. Anterior Cingulate Cortex: Wikipedia: https://en.wikipedia.org/wiki/Anterior_cingulate_cortex

7. Shin LM, et al.: "An FMRI Study of Anterior Cingulate Function in Posttraumatic Stress Disorder," Biol Psychiatry (2001) 50: 932-42.

8. Dieter J. Meyerhoff, et al.: "Cortical Gamma-Aminobutyric Acid and Glutamate in Posttraumatic Stress Disorder," (2014) 37: 893–900

9. Streeter, C.C., et al.: "Effects of Yoga versus Walking on Mood, Anxiety, and Brain GABA Levels," J Altern Complement Med. (2010) 16:1145-52.

10. Elliot, Ellen: Women in Science: Rita Levi-Montalcini (1909-2012) The Jackson Laboratory blog post (2017) https://www.jax.org/news-and- insights/jax-blog/2017/april/rita-levi-montalcini

11. Balasubramanian, S, Jacobo E. M, and Wahlquist A E.: "Induction of Salivary Nerve Growth Factor by Yogic Breathing: A Randomized Controlled Trial," (2015) 27: 168–170.

12. Mender I, Shay J.: "Telomerase Repeated Amplification Protocol (TRAP)," (2015) Bio-Protocol. 5: 1657.

13. Krishna et al., "Association of Leukocyte Telomere Length with Oxidative Stress in Yoga Practitioners," CC01–CC03," (2015) J Clin Diagn Res. 9: CC01–CC03.

14. Telles S., et al.: "Changes in autonomic variables following two meditative states described in yoga texts," (2013) J Altern Complement Med. 19:35–42.

7. LA INTEGRACIÓN DE LA CONCIENCIACIÓN EN NUESTRAS VIDAS COTIDIANAS

1. Ibid 34
2. Mitchell, N., et al: "Obesity: Overview of an Epidemic" Psychiatr Clin North Am. (2011) 34: 717-732.
3. Ibid 3 Página 262

8. TRAUMA Y COMPORTAMIENTO ADICTIVO

1. Stolorow, Robert: Trauma and Human Existence—Autobiographical, Psychoanalytical, and Philosophical Reflections (The Analytic Press: New York: 2007) Kindle edition, location 707.
2. Dasein: Being-toward-death is not an orientation that brings Dasein closer to its end, in terms of clinical death, but is rather a way of being. Being-toward-death refers to a process of growing through the world where a certain foresight guides the Dasein towards gaining an authentic perspective.
3. American Psychiatric Association. (2013) Diagnostic and Statistical Manual of Mental Disorders, (5th ed.). Washington, DC
4. John Lee: Creative Change Conference—It Happens to Boys, October 4, 2019, Indio, CA.
5. Gordon, James S.: *The Transformation—Discovering Wholeness and Healing After Trauma*. HarperOne: New York, 2019) Kindle Edition.
6. Ibid 75
7. Ibid 74
8. Meditation App Could Lead You to Life-Altering Inner Peace, ©2013 https://mashable.com/2013/03/03/inner-balance/

9. Leonard, Jayne: "What to know about complex PTSD" Medical News Today (August 2019) https://www.medical-newstoday.com/articles/322886.php

10. Sar, V: "Developmental trauma, complex PTSD, and the current proposal of DSM-5," (2012) Eur J Psychotraumatol. 2: 10.3402.

11. American Society of Addiction Medicine: Definition of Addiction: https://www.asam.org/for-the-public/definition-of-addiction. April 12, 2011.

12. Heshmat, Sharman: *Addiction — A Behavioral Economic Perspective.* (New York: Rutledge, 2015)

13. Ibid 18

14. Ramesh Gune, Psy.D.: Bella Monte Recovery Center, Desert Hot Springs, California. personal communication. 2019.

15. Bierut, Laura J.: "Genetic Vulnerability and Susceptibility to Substance Dependence," (2011) Neuron. 69: 618-624.

16. McLeod, S: "BF Skinner: Operant Conditioning" https://www.simplypsychology.org/simplypsychology.org-Skinner.pdf (updated 2018)

17. Ibid 76

18. Ibid 52

19. Carlo-Casellas, Jaime: "Mindfulness-Based Relapse Prevention Course —An Adjunct Intervention to Traditional Relapse-Prevention Strategies," Presentation at the National Conference of the International Association of Yoga Therapists, Newport Beach, California, 2007.

20. Garland, E.L. and Howard, M.O.: "Mindfulness-based treatment of addiction: current state of the field and envisioning the next wave of research," (2018) Addict. Sci. Clin. Pract. 13: 14.

21. U.S. DEPARTMENT OF HEALTH AND HUMAN SERVICES, Substance Abuse and Mental Health Services

Administration Center for Substance Abuse Treatment (www.smahsa.gov): Detoxification and Substance Abuse Treatment—A Treatment Protocol TIP 45 (DHHS Publication No. (SMA) 06-4131 Printed 2006)

22. Schlund, Jeffrey, Outreach Coordinator, Hazelden Betty Ford Center, Rancho Mirage, CA: Personal Communication, 2019.

23. Ken Seeley, Professional Interventionist and Treatment Expert, Ken Seeley Communities, Palm Springs, California, Personal Communication, 2019.

24. "Urge Surfing" is a mindfulness practice developed by G. Alan Marlatt, PhD, as part of his Mindfulness-Based Relapse Prevention course.

25. Schnurr, Paula, P: "Focusing on trauma-focused psychotherapy for posttraumatic stress disorder", April (2017) Current Opinion in Psychology 14: 56-60.

26. Mannarino, A.P..Cohen, J.A. "Trauma-Focused Cognitive Behavioral Therapy (TF-CBT)" International Society for Traumatic Stress Studies (ISTSS) (2014) https://www.istss.org/education-research/traumatic-   stress-points/2014-october/clinician-s-corner-trauma-focused-cognitive- behavi.aspx.

27. Bill Whitaker: "A Possible Breakthrough Treatment for PTSD" CBS 60 Minutes (June 16,2019) https://www.cbsnews.com/video/sgb-a-possible-   breakthrough-treatment-for-ptsd-60-minutes-2019-06-16/

28. United States Army Medical Research and Materiel Command: "Study of Stellate Ganglion Block as Treatment for PTSD Symptoms—Randomized, controlled trial of a treatment for posttraumatic stress disorder symptoms" © 2019 Research Triangle Institute: https://www.rti.org/impact/study-stellate-ganglion-block-treatment-ptsd- symptoms

29. University of Bath: "Experimental drug shows promise for opioid withdrawal symptoms" Science Daily (2019) https://www.sciencedaily.com/releases/2019/04/190407144228.htm.

30. Ibid 55

31. Ibid 56

32. Krishnakumar, D., Hamblin, M.R., and Lakshmanan, S.: "Meditation and Yoga can Modulate Brain Mechanisms that affect Behavior and Anxiety- A Modern Scientific Perspective" (2015) Anc Sci. 2(1): 13–19.

33. Ibid 3 Página 268

9. ESTRÉS

1. Cole, Nicholas: "The 5 Stages of Stress (It's Important to Know Which One You're In)" the Inc. This Morning Newsletter (@ Nicolascole77) https://www.inc.com/nicolas-cole/the-5-stages-of-stress-its-important-to- know-which-one-youre-in.html

2. Healthline: Medically reviewed by Timothy J. Legg, PhD, CRNPon July 1, 2016 — Written by Nathan Reese "10 Simple Ways to Relieve Stress: Tips to manage stressful situations" https://www.healthline.com/health/10-ways-to-relieve-stress

3. Kanigel, Rachele: "How Laughter Yoga Heals, Plus 6 Fun Exercises to Try" Yoga Journal (Oct. 2007)

4. Ibid 3 Página 44

10. ¿EL ESTRÉS CAUSA CÁNCER?

1. American Cancer Society: Cancer Facts & Figures (2019) https://www.cancer.org/content/dam/cancer-org/research/cancer-facts- and-statistics/annual-cancer-facts-and-figures/2019/cancer-facts-and- figures-2019.pdf

11. DIFERENCIA ENTRE PSICOTERAPIA, PSIQUIATRÍA Y ENTRENAMIENTO PERSONAL

1. Ibid 3 Página 112

12. CONCIENCIACIÓN PARA LA REDUCCIÓN DE DOLOR FÍSICO

1. Institute of Medicine Report from the Committee on Advancing Pain Research, Care, and Education: Relieving Pain in America, A Blueprint for Transforming Prevention, Care, Education and Research. The National Academies Press, 2011. http://books.nap.edu/openbook.php?record_id=13172&Página=1.
2. JAMA Network: CDC Guideline for Prescribing Opioids for Chronic Pain—United States, 2016: (https://jamanetwork.com/journals/jama/fullarticle/2503508)
3. Kabat-Zinn, Jon: *Mindfulness Meditation for Pain Relief: Guided Practices for Reclaiming Your Body and Your Life—Guided Practices for Reclaiming Your Body and Your Life.* Sounds True CD Set © 2010 Jon Kabat-Zinn
4. FibroCenter: The Source of Information for Fibromyalgia: www.fibrocenter.com
5. Kim, J. et al.: "The Somatosensory Link in Fibromyalgia: Functional Connectivity of the Primary Somatosensory Cortex is Altered by Sustained Pain and Is Associated with Clinical/Autonomic Dysfunction." (2015) Arthritis and Rheumatology on Line. 67:1395 (https://www.ncbi.nlm.nih.gov/pubmed/25622796)
6. Ibid 3 Página 120

13. INSOMNIO, APNEA DEL SUEÑO Y LA CONCIENCIACIÓN

1. Perri, Camille: "10 Things to Hate About Sleep Loss" WebMd (© 2005 - 2019 WebMD LLC. All rights reserved.) https://www.webmd.com/sleep- disorders/features/10-results-sleep-loss#1

2. Sleep Apnea: Mayo Clinic Report: © 1998-2019 Mayo Foundation for Medical Education and Research (MF-MER). Todo derecho reservado. https://www.mayoclinic.org/diseases-conditions/sleep-apnea/symptoms- causes/syc-20377631

3. What is a CPAP Machine: Everything you need to know about this sleep apnea treatment. Sleep.org (© 2019 National Sleep Foundation. All Rights Reserved.) https://www.sleep.org/articles/what-is-cpap-machine/

4. American Academy of Dental Sleep Medicine: "Oral Appliance Therapy", https://www.aadsm.org/oral_appliance_therapy.php

5. Puhan MA, Suarez A, Lo Cascio C, Zahn A, and Heitz M, Braendli O.: "Didgeridoo playing as alternative treatment for obstructive sleep apnea syndrome: randomized controlled trial" (2006) BMJ. 332:266-70.

6. Turner, A. D., Smith, C. E., and Ong, J. C.: "Is purpose in life associated with less sleep disturbance in older adults?" (2017) Sleep Science and Practice 1:14.

14. ESTRÉS EXCESIVO EN EL TRABAJO

1. Updated and Adapted from: Murphy, L. R., Occupational Stress Management: Current Status and Future Direction. in Trends in Organizational Behavior, 1995, Vol. 2, p. 1-14,

and UK Health & Safety Executive (HSE) "Managing the causes of work-related stress: A step- by-step approach using the Management Standards" (2007)

15. YO TAMBIÉN

1. Stoltenborgh M, Bakermans-Kranenburg MJ , Alink LRA, et al: "The prevalence of child maltreatment across the globe: review of a series of meta-analyses." (2015) Child Abuse Review; 24:37– 50.doi:10.1002/car.2353.
2. Science Daily: Child Abuse Linked to Risk of Suicide in Later Life (January 9, 2019) https://www.sciencedaily.com/releases/2019/01/190109192533.htm
3. Bouris, A., Everett, B.G., Heath, R.D., et al.: "Effects of Victimization and Violence on Suicidal Ideation and Behaviors Among Sexual Minority and Heterosexual Adolescents" LGBT Health. 2016 Apr 1; 3(2): 153–161.
4. Teitlebaum, Robert J. and Carter, Cindy L.: *Frogs and Mobster Tails: Growing Up in Al Capone's Shadow* (Teitlebaum Publishings: New York: 2018)
5. Putnam. F.W.: *Dissociation in Children and Adolescents: A Developmental Perspective*. (Guilford Press: New York: 1997).
6. Ibid 32
7. Brewer, J.A., Worhunsky, P. D., Gray, J. R., et al.: "Meditation experience is associated with differences in default mode network activity and connectivity" (PNAS December 13, 2011 108 (50) 20254- 20259).
8. Ortiz, R. and Sibinga, E.M.: "The Role of Mindfulness in Reducing the Adverse Effects of Childhood Stress and Trauma." Children (Basel). 2017 Mar; 4(3): 16. Published online 2017 Feb 28

9. Seymour, Dolores: *Instructions for the M.I.N.D.S. System.* © 2015 Dolores Seymour and/or American Institute of Holistic Health and Wellness, Director and Founder of the master's degree program in Holistic Psychology at the American Institute of Holistic Health and Wellness.

10. *Candlelight Impressions* (A self-publication) (Author unnamed for confidentiality)

11. Markham, Laura: *Calm Parents, Happy Siblings: How to stop the fighting and raise friends for life.* EburyPublishings, London: 2015)

12. Balter, Michael: "Can epigenetics explain homosexuality?" Science 2015 Oct 350; 6257, pp 148.

13. O'Brien, Carol, et al: "Don't Tell: Military Culture and Male Rape" Psychological Services. 2015: Vol. 12 No 4: 357- 365.

14. Ibid 136

15. O'Brien, Carol, et al: "Don't Tell: Military Culture and Male Rape" Psychological Services. 2015: Vol. 12 No 4: 357- 365

16. Ibid 3 Página 136

16. CONCLUSIÓN

1. Ibid 17 Página 251

2. Ibid 3 Página 254

Jaime Carlo-Casellas, Ph.D.

A principios de 1980, mientras era el Director de Investigaciones de Inmunohematología en la Escuela de Medicina de la Universidad de Massachusetts (UMASS Medical School), el doctor Jaime Carlo Casellas entró en un período de crisis personal que precipitaron un diagnóstico de bipolaridad y un proceso de divorcio. Es entonces cuando el doctor Carlo Casellas conoce a Jon Kabat-Zinn, Ph.D. y Saki Santorelli, Ed.D, sus colegas en la Facultad de Medicina de la Universidad de Massachusetts, quienes dirigían un programa de Reducción de Estrés Basada en la Concienciación. Ellos le ayudaron a reconocer el propósito de su jornada en este planeta al comenzar un extenso e intenso período de capacitación en Terapias Cognitivas y en la Prevención de Recaídas Basadas en la Concienciación. Carlo-Casellas, además, se certificó como Instructor de Yoga y Consejero de Vida, especializándose en el manejo de trauma, abuso y comportamiento adictivo. En 1999 fundó el Centro de Manejo y Prevención de Estrés en Rancho Mirage, California, el que todavía dirige. Eventualmente destiló todos sus aprendizajes en libros como *Caos y Extasis, Angustia y Deleite* y otros.

Jaime Carlo-Casellas, Ph.D.

*Mindfulness for the Common Man
— To Survive Trauma, Abuse, and Recovery*

*Mindfulness: To Learn that All Liver Can't Matter Until
Black Liver Matter — That We All Descend
from the Same Maternal Womb*

*Chaos & Bliss: A Journey to Happiness:
Poetry and Verse to Enlighten
the Mind*

*Caos y Éxtasis Una Jornada a la Felicidad:
Poemario para Iluminar la Mente*

*Anguish & Joy: A Journey to
Serenity*

*Amargura y Deleite: Una jornada
hacia la serenidad*